# 现代高职院校学生思想教育与管理

夏明凤　著

吉林出版集团股份有限公司

图书在版编目(CIP)数据

现代高职院校学生思想教育与管理 / 夏明凤著. —
长春 : 吉林出版集团股份有限公司, 2019. 9
ISBN 978-7-5581-7785-9

Ⅰ. ①现… Ⅱ. ①夏… Ⅲ. ①思想政治教育-教学研
究-高等职业教育 Ⅳ. ①G711

中国版本图书馆 CIP 数据核字(2019)第 219983 号

# 现代高职院校学生思想教育与管理

XIANDAI GAOZHI YUANXIAO XUESHENG SIXIANG JIAOYU YU GUANLI

出 版 人: 吴文阁
著　　者: 夏明凤
责任编辑: 赫金玲
装帧设计: 中图时代
开　　本: 710 mm×1000 mm　1/16
印　　张: 10
字　　数: 180 千字
版　　次: 2019 年 9 月第 1 版
印　　次: 2021 年 3 月第 1 次印刷

出　　版: 吉林出版集团股份有限公司
发　　行: 吉林音像出版社有限责任公司
地　　址: 吉林省长春市净月区福祉大路 5788 号出版大厦 A 座 13 层,邮编:130000
电　　话: 0431-81629679
印　　刷: 北京军迪印刷有限责任公司

ISBN 978-7-5581-7785-9　定价:50. 00 元

# 目　录

# 第一章　绪　论

从事教育管理工作的人员需要具备较高的思想政治水平及管理水平,高职院校需针对这一特点,加强学生思想教育及管理工作队伍的建设。其中,辅导员、班主任是这支队伍的主力军,学校一是要对辅导员进行培训,提高辅导员的思想政治理论水平、管理技能水平、心理辅导水平等各方面业务能力。辅导员所管理学生人数众多,工作量大且工作内容繁杂,要培养辅导员具有统筹兼顾、教育与管理并重、忙而不乱的工作能力。做好辅导员的学生管理各方面工作考核,并树立榜样,激励学习先进。二是选聘经常对所管理班级学生授课的专业教师担任班主任,因为与学生交流时间较多,就有利于对学生了解且对班级学生给予专业指导。要增强班主任的责任心并做好对班主任的工作评价。在班主任管理班级人数较少的情况下,要求班主任了解班级每一名学生的情况并对学生的日常课堂及生活给予关注。学生干部是辅助辅导员与班主任做好教育管理工作的重要力量,要挑选对学生管理工作有热情、积极要求进步、工作能力强的学生担当学生干部,提升学生干部的思想政治水平及管理能力,构建学生干部工作评价体系,对学生干部的优秀工作表现给予充分肯定,以提高他们的工作热情。通过依靠学生干部进行班级、宿舍的日常管理工作,使优秀的学生干部起到带动作用,树立集体的积极学习生活风气,达到学生的"自我教育、自我管理、自我服务。"

人才培养,德育为先。要针对高职院校学生特点进行思想政治教育,引导学生树立正确的世界观、人生观、价值观,做到"勤学、修德、明辨、笃实"。贯彻习近平总书记强调的"努力让每个人都有人生出彩的机会。"为学生注入思想动力,鼓励引导他们树立成为国家建设发展所需要的优秀技术技能人才的目标,立志为实现中华民族伟大复兴的中国梦做出自己的贡献。在思想教育中渗透"崇尚一技之长、不唯学历凭能力"的理念,增强他们的自信心,引导他们充分发挥实践能力强的特长,使他们牢固树立敬业守信、精益求精等职业精神,励志成为中国从制造大国过渡到制造强国所迫切需要的"大国工匠"。在教育方法上要将思想政治教育融入对学生日常管理中去,并兼顾做好群体的思想教育及个体的思想教育;要通过开展丰富多彩的主题教育活动,并大力发挥橱窗、网络等宣传思想政治教育阵地的作用,使思想政治教育易于让学生接受。教育工作者要通过多样的形式,利用各种方法,使思想政治教育达到“潜移默化”“入脑人心”的效果。

学校要针对高职院校部分学生自律性差,如迟到、旷课、考试不及格科目多、宿舍卫生差、在宿舍吸烟等问题,对学生要进行“制度化”的日常管理。制定课堂考勤制度,规定奖惩标准,由辅导员组织学生干部监督队伍进行出勤检查,认真做好记录,定期对出勤差的学生进行督促;制定学业预警机制,对出勤差或考试不及格的学生提前进行及时的警示,有必要时通知家长,以免造成严重后果,如留级、退学等;制定宿舍卫生评比标准,规定细则,组织学生干部监督队伍进行宿舍卫生检查,进行评比,奖励“先进”、督促“落后”。通过制定及严格落实一系列管理制度对学生日常学习和生活起到积极的促进作用,同时在执行相关制度的同时,注重对学生的思想疏导。优秀是一种习惯,习惯的养成需要有效的管理。学校要通过制度建设,营造上进自律的氛围,使学生养成良好的学习生活习惯,从而培养高质量人才所应具备的优秀素质。

高职院校教育管理工作人员要对所管理的班级与学生进行“精细化”管理,了解每个班级、每名学生的特点,建立班级档案和学生个人档案,为教育管理的“精准化”打下牢固基础。要针对“不同类型群体”学生的特点,对学生进行“分类化”教育管理:一是根据受教育的不同阶段学生群体进行教育管理,如注重对大一新生的养成教育,利用刚入学这段思想和行为“塑形”的黄金时期,通过思想教育及严格管理,使新生树立正确积极的思想、目标,形成班级自我管理运行模式,养成良好的学习生活习惯,为整个高职院校学生涯的教育管理打下根基;对毕业生要侧重实习及就业教育管理,帮助他们树立正确的就业观,不盲目择业且脚踏实地,并做好毕业应聘技巧等相关就业培训。二是重视对贫困生的引导帮助,有的贫困生既有一定的自卑心理又具有较强烈的自尊心,对待贫困生的教育管理,尊重是第一位的,并且要鼓励贫困生克服困难,相信通过自己的努力奋斗可以改变自己和家庭的命运,要了解每一名贫困生的家庭状况和生活情况,对他们给予关心与帮助。三是要重点关注有心理问题倾向的学生,通过沟通和心理辅导,了解情况,进行心理疏导。

高职院校要高度重视学生思想教育及管理工作,将思想教育与管理有机紧密地结合,以教育促进管理,通过管理达到教育的目的。对学生的思想教育引导,对学生管理工作起到非常重要的作用,因为思想决定行为,思想是内因,要通过思想政治教育,通过“成才与奉献”的理想信念引领学生思想,使学生为实现理想而积极地学习生活,乐于接受学校的管理,促进学生管理工作。要通过管理来促进教育的实现,将思想政治教育融入贯穿到日常管理的各个环节。管理要以教育为目的,在管理的方方面面中体现教育,并在管理的过程中注重教育疏导。高职院校教育与管理的目标都是使学生成才，即通过教育引导学生积极培育和践行社会主义核心价值观，以为实现中国梦贡献力量为追求；管理使学生将“优秀”变成自我习惯，培养高水平人才所应具备的“踏实、严谨、精益求精”等优秀素质。高职院校通过做好学生思想教育及管理工作，提升人才培养质量，为国家建设发展培养“德才兼备”的高质量技术技能人才。

## 第一节　新时期高职院校学生教育管理的创新模式

高职院校作为培养高技能应用型人才的重要阵地，其目标是培养具有创新精神和实践能力的实用型、技能型人才，学生教育管理工作是高职院校工作中的一个重要组成部分，它体现着一个学校的校风、学风，是一个学术水平高低的重要标志，是衡量一个学校综合水平、学生素质的重要标准，科学、规范的学生教育管理工作是实现人才培养目标的重要保证。面对新形势，原有的学生教育管理模式已明显地不适应现代学生教育的需要，作为高职院校学生教育管理工作者，一个不容忽视、势在必行的工作就是要转变学生教育管理模式，改变学生教育管理的理念和体制，牢固树立以人为本的理念，建立一种能适应现代化教育发展需要的新的学生教育管理模式。

虽然高职院校在学生教育管理中积累了一些经验，为提高高职办学质量发挥了重要作用，但由于高职教育历史短，大多数高职院校是由中专升格或几所中专合并而成，在校生规模很大。学生构成复杂（三年制、五年制、中专生并存），生源分数低、文化基础薄弱、教育资源相对不足等原因，使高职学生的教育管理工作还面临许多挑战。

（一）高职院校扩招使高职院校学生教育管理模式面临新考验

思想观念、价值取向发生了巨大的变化，高职生思想活动独立性、选择性、差异性日益增强，原有的学生教育管理模式已无法达到预期的效果。此外，市场经济的快速发展，使得学生教育管理的内容与日俱增，高职院校学生教育管理面临一系列的转变，如：学生工作的部分管理职能正在向服务职能转变；高职院校学生就业正在由计划分配向自主择业转变；贫困学生的资助由原来的发放助学金、困难补助向助学贷款、勤工助学转变等等，这一系列转变都需要有与之相适应的学生管理理念和方式来保证实施。

(二)全球化进程的迅猛发展给高职院校学生教育管理工作提出了更高的要求

随着经济全球化进程的加快,民族之间文化交流日益频繁,不同思想、文化在交流中相互激荡。全球化趋势让我国高等教育也面临着发展的空前机遇,高职院校学生教育管理工作必然与世界先进高职院校学生教育管理工作接轨,带来教育理念和管理方式的变革;另一方面,全球一体化使得文化交流渠道空前广泛和频繁,高职生如何在各种纷繁复杂的文化和思想观念中保持主流意识形态,树立健康正确的文化心态,都给高职院校学生教育管理工作提出了更高的要求。

(三)信息化技术的发展和普及给传统学生教育管理带来新的问题

随着信息技术的迅速发展,互联网对高职生的学习、生活乃至思想观念产生了广泛而深刻的影响。对学生工作而言,网络是一把双刃剑。一方面,网络拓展了高职院校学生管理工作的渠道和手段,对加强和改进高职院校学生思想政治工作带来了新的机遇;另一方面,网络也给传统学生教育管理带来了一些新的问题。首先,网络的开放性从信息的数量上冲击了学校在学生成长中的主导地位。在网络普及的社会条件下,学校教育的主导地位受到很大冲击,数量巨大的网络信息"淹没"了德育和思想政治教育信息。其次,网络的虚拟性、隐蔽性使得网络成为有害信息的滋生地和传播地。给学生的身心发展带来较大的负面影响。

(四)高职学生群体特点带来新挑战

高职学生入学成绩相对较低,在高职学生的教育管理中如果宽松有余,就容易使相当一部分自立与自主性较差的学生因散漫而荒废学业;如果过于严格,又会束缚学生的个性发展与潜能发挥。如何针对高职学生特点做到对学生的管理宽严有度是高职学生教育管理工作者需要研究的重要课题。学生教育与管理的脱节现象依然存在。思想政治理论课教学、学生日常管理、党团活动、社团活动、辅导员工作各自为政的现象还较为普遍。究其原因,既有观念问题,如对教育与管理之间的内在联系缺乏应有的认识;也有体制问题,如相关机构设置不够合理,不便于部门之间的深层次合作。另外,继续提高教育的实效性任重而道远。明理诚信、敬业爱岗、吃苦耐劳是高职学生应有的人格品质,而以培养这些品格为己任的高职教育却面临着前所未有的挑战。诚信缺失、安逸享乐等不良风气对校园教育的冲击强而有力,提高诚信教育实效性的难度可想而知。面对一直在家长呵护下成长起来的高职院校学生,学校进行吃苦耐劳教育的必要性毋庸置疑。

作为高职院校的学生教育管理工作,必须坚持以人为本的理念,不断进行教育理念和管理体制的改革与创新。

以人为本教育理念主要体现在尊重教育规律,尊重人才成长规律,尊重教育对象的身心发展规律,尊重学生的人格、人性等等。以人为本教育管理理念的核心内容应包含五个方面内容:一是尽量满足学生成长成才过程中的各种正当合理的需要;二是对学生进行人性化的教育管理,关心人、理解人、宽容人、引导人;三是以个性为工作切入点,使其共性合格,个性张扬,摒弃优秀学生品行的模式化,注重学生个性的多样化,尊重并保护学生的个性特征;四是坚持"己所不欲,勿施于人"原则,做学生的楷模;五是学生管理要做到以人为本,必须做到"三个结合",即把解决学生的实际困难与教育管理工作结合起来,把满足学生不同层次的需要与学生教育管理方法结合起来,把学生教育管理的重点、难点与热点结合起来。现在,已有越来越多的校长将它融入自己的治校实践,越来越多的教师用它指导自己的教学工作。这一教育理念正日益得到人们更广泛的认可和重视,成为教育和管理的核心理念。因此,在实际工作中,我们应该确立"学生是一切工作的重心和中心"的教育观,即一方面要重视学生的作用,重视学生潜在资源的开发利用;另一方面要提高学生的素质,这既是工作的出发点,也是工作的目的和归宿。衡量工作成败得失的标准是:是否有利于学生的全面发展和综合素质的提高。

以人为本是世界上优秀的高职院校始终奉行的成功经验之一,是高等职业教育生存、改革与发展的基点。高等职业教育主要培养面向第一线从事生产、服务和管理及各类应用型、技能型人才。在高职生的成才观上,应树立"不求人有全才,但求人人成才,人有所长"的理念,在办学过程中要突出以人为本的办学理念,创新高职院校学生管理模式,最重要的是转变学生管理理念,树立"以学生为本"的教育、管理思想,变管理为"服务"。学生管理部门要培养"以学生为本"的服务意识,一切为学生利益着想,了解学生中存在的主要问题是什么,学生普遍关心的问题是什么,学生迫切需要解决的问题是什么。要体现学生的主体地位。要尊重了解学生的需要,尊重学生的地位和尊严,从而唤起高职院校学生的自我人格意识、形成主体意识,实现人格教育中的主体地位。

一是要切实确立以学生为主体的教育观。从20世纪80年代初联合国教科文组织出版《学会生存》,并提出"教会学生学习"口号以来,相继提出了"学会生存""学会关心""学会求知""学会工作""学会交往"等口号,并以此指导了世界教育改革与发展,使世界教育改革的主旋律始终集中在"学生主体"之上。学生是学习的主体,如果学生在学习时不能发挥主体作用,不能变被动为主动,不会独立地学习、独立地发展,学生教育管理工作目标将无法达成。我国高等教育长期存在着忽视甚至无视教育主体性的弊端,即把学生当作“物”或“机器”进行塑造。因此,传统的大学德育存在着抑制个性的倾向。进行主体性人格教育,要把高职院校学生当成“人”,“教育的目的在于使人成为他自己,变成他自己”,要尊重、了解学生的需要,尊重学生的地位和尊严,从而唤起高职院校学生的自我人格意识、形成主体意识,实现人格教育中的主体地位。

二是让学生参与管理工作,培养学生的“三自”能力。“三自”即自我教育、自我服务、自我管理。高职学生是战斗在生产、管理、服务一线的高技能人才,需要有更强的吃苦耐劳精神,因此培养高职学生的“三自”意识就成为高职教育的重要任务。建立以“三自”为主线的项目体系是开展“三自”活动的关键,以育为主,以管为辅;以学生为主体,以教师为主导,充分利用教师资源,放手发动学生,积极开展自我公寓管理、自律自查活动、青年志愿者服务、参与社会实践等项目,师生共创“三自”机会,使学生在实践中成长。利用寝室、班级、院系等学生组织的作用,让学生一起参与管理工作。科恩在《自我论》中谈到自我教育时也说:“在关系到最高生活价值方面,教会别人是不可能的,每个人都应自己教育自己,可能做到的只是帮助他更深刻地理解周围世界和自己,成为自己,实现比他身上现有的更好的东西。”这也就要求教师要放弃时时处处好为人师的思想,信任学生,尊重学生的权益,充分发挥学生的主观能动性、创造性、积极性和主体性,才能触及学生更深层的心理层面,满足学生的特长需要、表现欲望和成功渴望,增加学生主动成才的意识。学生的自我教育意识和能力越强,教师进行以人为本管理的基础就越厚,学生的接受性也会越强。实践证明,这种管理方式更有利于在学生中开展素质教育,提高学生的自我教育、自我管理能力,学生在学习知识的同时锻炼了自己,既学到了知识,又学会了做人。

三是要塑造新型的师生关系。在以人为本教育管理模式下,教师履行教育管理职责的核心是指导与服务,“授之以渔”,使学生得到健康的可持续发展。教师不再是高高在上的发号施令者。如果还是那样,学生的逆反心理就会日益膨胀,师生间无形会产生一定的距离,这也必然出现“我打你通”而其实难通的不良局面。所以,教师要改变传统的“师道尊严”“唯师独尊”观念,改变单方面灌输和空洞说教的教育方式,营造民主、平等、宽松、和谐的教育氛围,要与学生为友,平等地对待学生,尊重学生个性。欲做良师,先为益友,无论是在学习、工作、生活,还是心理和就业,多结合其实际进行指导或辅导。总之,要将传统的上下级师生关系塑造成有人情味的平等师生关系,即建立平等、友爱、相互尊重、朋友式、同志式的新型师生关系。

四是努力进行技术创新,积极推进高职生思想政治教育网络化。在科学技术迅速发展的今天,网络信息已成为学生获取信息的一个重要渠道。新形势下学生管理工作要转换教育理念,树立信息资源意识,主动超前介入网络教育平台,利用学生管理计算机网络信息系统,打破以往学生管理工作在空间和时间上的限制,实现高职院校学生管理工作全面化、科学化、人性化、社会化和高效化,提高高职院校学生管理的工作质量和效率。实践证明,在推进思想政治教育网络化工作的过程中,必须坚持正面宣传为主的方针,同时把思想政治教育规律与网络传播的特点结合起来,使师生员工乐于接受,以提高访问率和网络教育的效果。

五是利用高职办学特色,充分挖掘社会实践资源。由于社会实践教学影响因素较多、组织过程较为复杂,许多学校长期以来都存在着实践教学覆盖面狭窄的局限性。要解决这个问题应该充分利用高职办学特色,走产、学、研相结合的发展道路;高度重视实践和实训环节;推行工学结合、校企合作的培养模式。比如将专业实训实习基地也建为思想政治教育基地,即所谓的"双基地"建设。"双基地"建设有利于体验教育,也有利于实现教学和育人的综合培养目标,具有可操作性。

在长期对高职学生进行教育管理的实践中,针对高职教育的培养目标和学生特点,一些高职院校进行了创新尝试。

因为许多高职学生的学习主动性与行为自律性欠缺,所以需要更多的教育引导与组织管理。学生的教育与管理是一项系统工程,需要全员参与、多部门合作。传统的部门合作形式常常是由某一主管部门牵头,其他部门协助成立专项事务管理委员会,多属于松散型的合作,适合于某一具体问题的解决。而要解决充满复杂性与创造性的学生的行为管理与思想教育问题,就需要各部门的紧密合作,以充分实现各工作部门的优势互补。学生管理是对在校高职院校学生的全方位管理,内容比较广泛,涉及学校的多个部门,需要各部门协调一致理顺各部门关系,形成合力,以应对学生管理面临的新问题。在高职院校学生管理工作中,一是要加强学生工作机构的建设、强化其组织协调功能,理顺学生管理系统各个部门、各层次、各岗位的职责、权限关系,建立健全责任制,做到责任到岗、责任到人,责、权、利相统一;二是发挥基层作用。现行的高职院校管理体制,实行的校、院(系)、二级管理,院(系)及班应组织担负对学生进行思想教育和行政管理双重任务,便于及时发现问题,及时教育处理,可提高实效性;三是进一步推行校系一级学生工作体制的党政融洽,协调统一;四是实行年级辅导员制,与学分制相适应。强化以学院(系)为单位的年级管理,进一步增强班级管理、专业教学之间的融合力度。但强化并不否认班级管理,因为在学分制的条件下,学生班级仍然是一个重要的学生单元组合,应纳入学生管理体制。要积极探索以年级管理为主、班级管理为辅的体制。全体人员高度重视，高职学生管理工作是一项庞大而复杂的系统工程，是实现党的教育方针和高职人才培养目标的重要手段，要做好这项工作，没有学校各方面的重视是难以想象的。经验告诉我们，学院各级领导的高度重视，是学生管理工作得以协调稳定地开展，形成从上到下、各部门齐抓共管良好局面的基础和必要条件。

在劳动力市场日益发达的今天，用人单位录用人才十分看重应聘者的全面素质，甚至首先考察的是求职者的非专业能力。要促进学生成才，一是质量标准要多样。因为职业教育的社会需求和学习者需求不同，学生基础参差不齐，为帮助人人成才，必须对质量标准作进行多样化设计；二是教学过程要有弹性。职业教育的教学过程要包含多种选择和变换选择的可能性，提高它对各种需求的适应程度；三是学习选择要有自主余地。学习选择的自主性决定了学生的自我负责精神，而学生的自我负责程度提高了，则必然增强自身学习的积极性和主动性，十分有利于学生走好成长成才道路上的每一步。

学校要为广大高职学生就业着想，办出高职教育特色。学生进入高职院校学习，就是要学有所用，学有所长，获得一技之长，毕业后能谋得一份称心如意的工作。以学生为本，也就要求学校和教师要千方百计地提高学生的素质与能力，增强就业竞争力，拓宽就业渠道，加大就业指导，为学生就业创造有利条件。如在专业设置以及培养目标定位方面，可以瞄准某类系列的职业岗位群，也可以考虑某个特定的岗位；在教学体系建设方面，要有较科学完善的理论教学和实践教学体系，不断对课程结构体系进行优化，以培养学生的全面素质和综合能力，理论上保证“必需”“够用”，实践操作上保证技能突出，实现“零距离”上岗。这也是高职院校可持续发展的关键所在。

努力解决高职学生的实际问题，要加强对经济困难学生的资助工作。以政府投入为主，多方筹措资金，不断完善资助政策和措施，形成以国家助学贷款为主体，包括助学奖学金、勤工助学基金、特殊困难补助和学费减免在内的助学体系，帮助经济困难学生完成学业。要帮助学生树立正确的思想观念，引导毕业生到基层、到祖国最需要的地方建功立业。要进一步建立健全学生就业指导机构和就业信息服务系统，提供高效优质的就业创业服务。通过服务育人、管理育人，把党和政府对学生的关怀落到实处。

思想政治理论课是高职院校学生的必修课，是帮助高职院校学生树立正确世界观、人生观、价值观的重要途径，体现了社会主义办学的本质要求。要按照充分体现当代马克思主义最新成果的要求，全面加强思想政治理论课的学科建设、课程建设、教材建设和教师队伍建设，进一步推动邓小平理论和“三个代表”重要思想进教材、进课堂、进高职院校学生头脑工作。深入贯彻十九大精神，全面落实科学发展观的理论内涵，联系学生的思想实际，把传授知识与思想教育结合起来，把系统教学与专题教育结合起来，把理论武装与实践育人结合起来，切实改革教学内容，改进教学方法，改善管理手段。要加强对思想政治理论课的宏观指导，采取措施，使思想政治理论课教育情况有明显改善。同时，发挥哲学社会科学的重要职责。这对于帮助高职学生坚定正确的政治方向，正确认识和分析复杂的社会现象，提高思想道德修养和精神境界具有十分重要的作用。要坚持和巩固马克思主义在意识形态领域的指导地位，在哲学社会科学教学中充分体现马克思主义中国化的最新理论成果，用科学理论武装学生，用优秀文化培育学生。

高职院校团组织要把加强学生教育管理工作摆在突出位置，充分发挥在教育、团结和联系学生方面的优势，竭诚为学生的成长成才服务。要全面实施学生素质拓展计划，组织开展丰富多彩的各种教育活动。要加强对优秀团员的培养，认真做好推荐优秀共青团员入党工作。要坚持党建带团建，把加强团的建设作为高职院校党建的重要任务。要切实加强团的组织建设，选拔优秀青年党员教师做团的工作，保证高职院校共青团组织机构设置和人员配备。要把团干部作为教育管理工作队伍的重要组成部分，做好培养、锻炼和输送工作。高职院校学生会是党领导下的高职院校学生群众组织，是加强和改进学生思想政治教育的重要依靠力量，也是学生自我教育的组织者。学生会要自觉接受党的领导，在共青团指导下，针对学生特点，开展生动有效的内容丰富的教育活动，把高职院校学生紧密团结在党的周围，在学生教育和管理中更好地发挥桥梁和纽带作用。

校园文化具有重要的育人功能，要建设体现时代特征和学校特色的校园文化，形成优良的校风、教风和学风。大力加强学生文化素质教育，开展丰富多彩、积极向上的学术、科技、体育、艺术和娱乐活动，把德育与智育、体育、美育有机结合起来，寓教育于文化活动之中。要善于结合传统节庆日、重大事件和开学典礼、毕业典礼等，开展特色鲜明、吸引力强的主题教育活动。重视校园人文环境和自然环境建设，完善校园文化活动设施，建设好学生活动中心。加强校报、校刊、校内广播电视和学校出版社的建设，加强哲学社会科学研讨会、报告会、讲座的管理，杜绝错误观点和言论的传播渠道。抵制有害文化对学生的侵蚀和影响。要结合学生实际，广泛深入开展谈心活动，有针对性地帮助学生处理好学习成才、择业交友、健康生活等方面的具体问题，提高思想认识和精神境界。根据学生的身心发展特点和教育规律，注重培养学生良好的心理品质和自尊、自爱、自律、自强的优良品格，增强学生克服困难、经受考验、承受挫折的能力。

学生教育管理工作队伍建设是加强和改进高职学生教育的组织保证。学生教育管理工作队伍主体是学校党政辅导员干部队伍和共青团干部、思想政治理论课和哲学社会科学课教师、辅导员和班主任。学校党政干部和共青团干部负责学生思想政治教育的组织、协调、实施；思想政治理论和哲学社会科学课教师根据学科和课程的内容、特点，负责对学生进行思想理论教育、思想品德教育和人文素质教育；辅导员、班主任是高职院校学生思想政治教育的骨干力量，辅导员按照党委的部署有针对性地开展思想政治教育活动，班主任负有在思想、学习和生活等方面指导学生的职责。要采取切实措施，培养一批理论功底扎实、勇于开拓创新、善于联系实际的哲学社会科学学科带头人和教学骨干队伍，使他们在高职院校学生思想政治教育中发挥更大的作用。

同时，完善学生教育管理工作队伍的选拔、培养和管理机制。按照政治强、业务精、纪律严、作风正的要求，坚持专兼结合的原则，研究和制定加强高职院校教育管理工作队伍建设的具体意见，吸引更多的优秀教师从事学生的教育和管理工作。建立专项评优奖励制度，定期评比表彰教育管理工作先进集体和个人，树立、宣传、推广一批先进典型。着力建设一支高水平的辅导员、班主任队伍。院(系)的每个年级都要按适当比例配备一定数量的专职辅导员，每个班级都要配备一名兼职班主任，鼓励优秀教师兼任班主任工作。辅导员、班主任工作在学生教育管理第一线，任务繁重，责任重大，学校要从政治上、工作上、生活上关心他们，在政策和待遇方面给予适当倾斜。

## 第二节　外国高等职业教育经验分析

根据 2015 年美国《高等教育纪事报》数据，美国有各类高职院校 4810 所，其中四年制高职院校 3120 所，两年制高职院校 1690 所，在校生 2041.75 万名。各高职院校定位明确，各司其职，相互依存，各具特色，肩负培养、吸纳人才，推动社会经济发展，维护价值理念和施加国际影响的使命与职责。研究型大学侧重培养世界一流的创新人才；普通高职院校和和州立院校主要是根据本州特点和经济社会发展需求培养本州和本地区的人才；社区学院则主要培养社会发展需要的专业技术人才；文理学院立足本科和传统学科教育，为研究型大学和普通高职院校输送人才。

美国共有 80 多家高等教育认证机构，认证范围包括全美 50 个州和 95 个国家的高等教育机构，包括我国香港特区的院校；认证领域涵盖法律、商学、护理、医药、文学艺术、大众传媒、社会学等。他们的存在增加了信息透明度和教育公正公平的监督，成为高职院校自我管理、自我完善的重要手段之一，保障了高等教育的质量。美国高职院校的技术转让机制成为美国科技研发的孵化器和经济活力的源泉。

美国是多元化国家，各个国家和民族的优秀文化遗产为美国教育的发展，特别是为美国研究生教育的发展注入了活力。这种活力嫁接在美国优厚的教育资源与环境和美国传统的冒险精神之上，促使美国人发展出强有力的开拓精神和创业意识。

美国实行分权制，其教育管理体系主要分为两个层次：联邦教育部和国务院教育文化事务局；州教育委员会。

联邦教育部的职责：一是保证联邦政府对平权教育（种族、肤色、性别、残障情况或年龄）的承诺；二是对教育中出现的重大问题提供指导和合作（以项目推行政策）；三是通过政府评估和发布信息促进教育质量和效益的提高；四是提供奖学金和贷款，如"佩尔助学金"和"斯坦福贷款"，加强对联邦教育项目的协调和对联邦教育事务的管理；五是帮扶地方社区及学校解决学生面临的最紧迫的问题；六是负责管辖霍华德大学、军事院校和28所印第安人学校。

国务院教育文化事务局主要负责美国对外教育交流与合作项目的指导和审批、海外教育咨询事务的管理和监管，以及联邦政府资助的对外学者交换项目。目的是为美国的"四个E"大众外交服务，即"Engage"（接触）、"Exchange"（交流）、"Education"（教育）和"Empower"（授权）。"接触"是宣传和渗透自由理念，对在互联网、卫星电视和即时通信时代中出现的虚假信息给予迅速反应；"交流"是鼓励更多的美国人去国外学习和旅游，并请更多的人前来美国访问，使他们亲眼看到"注重家庭和信仰的慷慨、勤劳的人民"；"教育"是要求美国人掌握更多的语言，以便更好地了解其他国家和文化，努力做一个"更好的世界公民"；"授权"主要针对阿拉伯世界的妇女，她们"被严重地边缘化"，忽视妇女能力的社会禁锢了社会上1/2的能量。

州教育委员会的职责是依法制定教育政策，制定教师和行政管理人员的学历标准，制定州考试和评估计划，审批教育机构预算，制定州教育规划管理条例和规定。通常情况下，州教育委员会只具有对公立中小学教育以及职业教育的管理权限。有少数州的教育委员会（如佛罗里达、爱达荷、纽约、密歇根、宾夕法尼亚）等具有对高等教育的管理权限。

此外，美国多个教育机构及协会对教育有参与和管理权，如美国州长协会（National Governor Association）、全美州教育委员会（Education Commission of the

States)、美国高等教育委员会(American Council on Education)、美国高等教育认证委员会(Council for Higher Education Accreditation)、国际教育研究院(Institute of International Education)等。

自 1636 年哈佛学院的建立到 1776 年美利坚合众国成立,全美仅有哈佛大学、耶鲁大学、威廉玛丽学院、宾夕法尼亚大学、普林斯顿大学等 9 所高等院校。这些大学基本上效仿英国大学的模式,被称为殖民地院校。它们的特点是规模小、学科窄,偏重于宗教、法律、医学等古典的文科教育,培养的主要是男性有闲阶层、政府首脑和学术权威,而不是社会发展急需的人才。

18 世纪末,欧洲启蒙运动要求科学为人类现世的利益服务。当时美国教派创办的学院满足不了新兴的美国社会和经济发展的需要。在这一历史背景下,产生了美国最早的"公立"高等院校,如北卡罗来纳大学、佐治亚大学、佛蒙特大学、俄亥俄大学等。但是,对广大工人和农民而言,此类"公立"院校仍是私立院校的翻版,可望而不可即。在学科方面,应用科学虽受到一定重视,但并没有得到广泛认同和普及。

1862 年出台的《莫里尔赠地法》,以土地和海洋资源换取教育发展,推动了教育公平。联邦政府以每公顷土地 1.25 美元的价格出让给各州,每州约 3 万公顷,州政府可以利用土地,或变卖土地来办学,并为学校提供必要的教学设施以及在联邦政府的法律范围内管理学校。1944 年通过的《现役军人安置法》(Servicemen's Readjustment Act),一般称为《退伍士兵权利法》,使 220 多万名退伍士兵(其中包括 6 万多名女兵和大约 7 万名非洲裔美国人)进入了大学。1965 年通过的《高等教育法》(Higher Education Act)促进了社会公平,维护了学生权利,并为贫困家庭子女提供助学金和贷款,如"佩尔助学金"和"斯坦福贷款",使许多贫困家庭的子女能够读得起大学。1980 年的《贝多尔法》(Bayh-Dole Act)利用联邦政府拨款推动高职院校和科研机构的研发,进行技术转让,美国高职院校的技术转让办公室和科技园区都是在这个时候发展起来的。

2009 年,奥巴马政府为应对美国经济危机而出台的《美国复兴与再投资法》力图化危机为转机,提高美国经济竞争力和增长潜力,全力维护美国教育科技的领先地位。

2012 年 11 月,为有效应对全球需求与发展,以判断和创造思维来处理及解决复杂疑难问题,培养具备参与全球事务的能力、素质及全球竞争力的公民,美国联邦教育部推出《国际教育与国际参与是全球成功的必由之路——美国联邦教育部国际化战略(2012—2016)》(Succeeding Globally Through International Education and

Engagement: U. S. Department of Education International Strategy 2012—2016)，旨在加强五种能力建设，以应对国家安全、环境变化和人才需求的挑战。

第一，熟知他国语言、文化与国情的能力。面对与世界各地同行之间的激烈就业竞争，先进的知识、非常规性技能、全球通信、企业合作等重要性日趋凸显，具备较高学术水平及融入世界的能力至关重要。

第二，与国际同行沟通与协作的能力。面对疾病传播、气候变暖、自然灾害、金融危机等跨国性问题和挑战，需要对其有实质性的了解和认识，需要与国际同行沟通并协同应对挑战。

第三，自觉维护国家安全与整体外交的能力。美国外交委员会在《教育改革与国家安全》中指出，全球竞争力和现代科学技术推动科技创新和经济增长，加强公民意识和全球意识教育、了解美国历史和政策以及与其他国家的关系，为总体外交和全球稳定与进步创造良好环境，这种软实力外交有助于国家安全和作为国际领袖的信誉，最终有利于国家的繁荣。此外，外语能力和专业技能是国防、情报、国土安全和法律实施的支撑，关系现在与未来。

第四，多元文化交际能力。美国是多元化社会，截至 2010 年，约有 5000 万移民生活在美国，为美国带来丰厚的语言文化遗产。不同民族在不同语言文化传统与视角的背景下彼此为邻、相互沟通、合作共赢、结为亲朋。人际交往能力与和而不同的价值取向有利于民间交往和增进社会凝聚力。

第五，参与国际事务的能力。2011 年，伍德罗·威尔逊中心发布《国家战略叙事》，认为国家的成功需加大对可持续发展与繁荣及公众参与有效媒介的投入，培养接受教育并能参与国际事务的公民是民主国家的基石，从某种程度上讲比国防更重要。美国在世界上的作用不仅取决于本民族的力量，也取决于如何支持与凝聚新生民主国家及实践民主准则。

## 第三节 移动互联网背景下的国内外高等教育教学改革发展趋势研究

自古希腊哲学家柏拉图创建学院以来，面对面的学习方式被一直保留下来。然而，这种学习方式在今天遇到了巨大的挑战。21 世纪高度的网络化和各种技术汇聚在一起，使人们接受教育的途径和范围极大地拓宽，学习正在以前所未有的方式向我们开放，它给传统教育的变革带来了机遇，也给现代教育的未来带来了新的希望。

移动互联网(Mobile Internet)是通过把移动通信网络与互联网络结合,使智能手机、平板电脑等智能移动终端可以访问互联网,人们能够随时随地从互联网获取信息和服务。移动互联网技术改变了人们的学习方式,人们已经越来越习惯于通过网络来了解未知的知识。现在,人们已经不仅满足于这种基于知识点的学习,网上公开课的出现使人们可以系统学习某个课程的知识,这种网上课程既是免费的,又是世界知名大学的优质教学资源,这种在线学习方式形成了对传统大学教学方式的挑战。另外,人们还希望这种通过网络获取知识的学习能够不受时间和空间限制而随时随地进行,因此,利用移动互联网来传播知识的方式受到人们欢迎。

1. MOOC 的兴起

2011 年底,斯坦福大学的两位教授 Andrew 和 Daphne 发现两人放在网上的开放的课程上线不久竟然获得了来自世界各地十余万人的报名参与时都被震惊了。因为对于平均每年面授 400 人的 Andrew 教授来说,要想在斯坦福的课程拥有这么多的学生,意味着他要连上 250 年的课。于是,两位教授出走斯坦福,成立了 Coursera(https://www.coursera.org/),致力于创办一个可以让更多的人受益的免费的大规模在线开放课程的平台。Coursera 成立之初便与斯坦福大学、密歇根大学、普林斯顿大学和宾夕法尼亚大学建立合作,很快便获得了来自全球各地的 68 万名学生注册了 43 门课程,上线 4 个月后,学生人数突破 100 万。至于当下,他们已经获得了数千万美金的投资,百余所世界级名校的课程合作,来自全世界六百多万的注册用户,而且这个数字正以每秒 2 到 3 个的增速变化着。

2012 年 5 月,美国麻省理工和哈佛大学联手发布了一个名为 edX(https://www.edx.org/)的网络在线教学计划。同 Coursera 一样,edX 同样免费向大众提供开放式在线课程。截至 2013 年 10 月,edX 已经与 29 所教育机构达成合作,其中包括 4 所中国院校,分别为清华大学、北京大学、香港大学、香港科技大学。

在美国 Udacity、Coursera 和 edX 三大 MOOC 平台运行不久,英国也迅速推出了自己的幕课平台——Future Learn(https://www.futurelearn.com/)“未来学习”。Future Learn 创建于 2012 年底,由英国开放大学的下属公司运营和管理,2013 年 9 月 18 日正式启动,首批联络了 12 所英国一流大学以及英国国家图书馆、博物馆、文化协会等,向全世界提供公开、免费的在线课程。第一批课程共 12 门。截止到 2014 年 2 月,Future Learn 提供的课程已达到 35 门,注册学习的用户覆盖全世界 160 多个国家。英国在教育的国际化、信息化和产业化都领世界潮流之先,英国高等教育的质量和声望更是享誉全球。Future Learn 的创建又使英国在高等教育网络化和国际化方面与美国一道步入了世界第一阵营。

2013 年 4 月,澳大利亚公开大学(Open Universities Australia)主持创立了免费的 MOOC 平台 open2study。主要通过与澳洲的大学机构合作(也有非澳洲学校,如华南理工大学)上线开放式课程。目前涵盖了包括艺术,人文,社科,科技,培训,金融,商业,管理,市场,营销等多个学科方面的课程。同 coursera、futurelearn 等其他 MOOC 平台一样,open2study 同样也为提供了一个讨论交流的社区,被称之为教室(classroom)。你可以在一门课程还没有开课的时候加入这门课程相应的教室,完善自己的资料,同全世界其他地方同样参与了这门课程的同学分享、交流,还可能一起去参与一些线下的见面会。

2012 年至今,中国高职院校建设了大量的优质课程资源,取得了一定的成绩,但课程的使用情况与课程的建设规模并不相称,如何使优质课程资源得到更为广泛的使用产生良好的教学效果真正起到开放的作用值得进一步探索。

中国国家开放大学袁松鹤博士撰写的《中国大学 MOOC 实践现状及共有问题——来自中国大学 MOOC 实践报告》(2014)中提到中国大学自 2013 年初开始加入 MOOC 建设实践中。清华大学、北京大学、香港大学、香港科技大学 4 所大学加盟 edX。(edX,2014)北京大学、复旦大学、上海交通大学、台湾大学、香港中文大学、香港科技大学 6 所大学加盟 Coursera。(Coursera,2014)其中北京大学和香港科技大学同时加盟了 edX 和 Coursera。2014 年 6 月,复旦大学、上海交通大学与 FutureLearn 在伦敦就 MOOC 建设签署合作备忘录,将在该平台开设优质课程。(董川峰等,2014)加盟合作体现在两方面,一是引进国外的幕课;二是推出中国本土的幕课。在课程引进方面,清华大学“学堂在线”与 edX 签署合作协议,获得 edX 课程在大陆地区的唯一授权,目前“学堂在线”共有 120 多门由 edX 联盟高职院校提供的幕课。在课程开设方面,目前 8 所加盟高职院校一共在国外幕课平台上开设有 50 多门课程,涉及计算机、社会、历史、医学、文学、民俗、艺术、经济、法学、建筑、电子电路、传播、地理、数理化和烹饪等多个专业门类。从学科大类来看,文科和理科课程居多,工科课程较少。

2. SPOC 的兴起

2012 年,加州大学伯克利分校计算机科学教授阿曼多·福克斯(Armando Fox)和戴维·帕特森(David Patterson),推出了世界第一门软件工程幕课(Coursera 的第二门幕课,加州大学伯克利分校的第一门幕课),首次提出小规模私有在线课程(Small Private Online Course,SPOC)概念。该概念目前被广泛地应用于幕课与校园教学的结合,并在世界各地的混合式教学实践中取得了良好的效果。阿曼多·福克斯(Armando Fox)教授指出:我们提出 SPOC 是为了将幕课的潜能更好地发挥出来，让幕课资源可以应用于单一学校甚至是班级这样的小规模用户群。简单来说，它是将幕课资源用于小规模、特定人群的教学解决方案，其基本形式是，在传统校园课堂采用幕课的讲座视频或在线评价等功能辅助课堂教学。SPOC 的目标是实现幕课与校园课堂教学的有机融合。例如，加州圣何塞州立大学使用麻省理工学院授权的阿纳特·阿加瓦尔教授（Anant Agarwal）的电路原理课程进行教学。在这个 SPOC 中，教师利用幕课获得高质量的教学内容并通过自动评分系统给予学生快速的反馈，学生在课堂上与本地教师和助教一起进行实验和设计等活动。这最大限度地节省了授课教师的时间，而时间正是教学中最稀缺的资源。圣何塞州立大学的学生在这个 SPOC 中，相比于曾经一直使用的教学材料，第一次考试成绩高出了 5%，第二次考试成绩高出 10 分。更引人注目的是，该课程的通过率（取得“C”或更高）从之前的 59%提高到 91%。可见，通过 SPOC，校园教育质量确实提升了，教育成本也降低了。

与此同时，国内高职院校同样也开始了对 SPOC 的探索和实践。“云计算与软件工程”课程是清华大学首批 SPOC 混合教学模式的试点课程之一，也是清华大学计算机科学实验班的核心课程，面向 30 名顶尖学生开设。清华大学专门为这门课程安排了翻转课堂教室，在每节 SPOC 前，学生首先需要通过“学堂在线”平台观看英文原版课程的视频。课堂中，第一学时（每次课 3 学时）授课教师与学生共同讨论课程内容的重点和难点，第二和第三学时学生采取结对编程的形式来完成作业。课堂讨论的形式并不固定，包括幻灯片展示、关键概念阐释、问答形式以及代码分析等。课程作业与分成概念自测题和编程作业两部分。自测题和编程作业全部通过“学堂在线”网上提交，系统自动实时批改并反馈。编程作业在截止日期前可以反复提交，自测题则只能提交一次。在课程项目中，要求学生组成 4~6 人的团队（这一规模符合敏捷开发团队的大小），使用敏捷开发流程，为一个真实的客户开发一套应用程序。在开发过程中，要求团队进行 5 次迭代，逐步完善所开发的功能。每隔一周学生会有一次展示其项目最新进展的机会，要求每次展示由不同学生进行。听众（包括用户）可以给学生团队反馈，对于提出有益反馈的学生给予加分奖励。经过 SPOC 教学后，近 70%的学生对于其团队工作持积极的态度。在当期选课学生中，有一个团队在课程结束之后仍然继续为客户完善项目软件，另一个团队则已经计划以课程项目为基础开展相应的创业。可见，SPOC 教学模式改善了软件工程教学效果。另外，SPOC 教学模式还有助于增加学生课程投入时间。调研发现，在“云计算与软件工程”SPOC 中，学生平均每周花费时间（包含观看视频、讨论、做项目等）为 9~10 小时，高于他们在其他课程上所花费的时间。

综上所述,通过 SPOC 混合式教学模式,教师可以引导学生进行更有针对性的深入讨论,翻转学生的学习习惯,增加讨论、实践的环节,进而培养学生解决问题、表达观点等综合能力,激发学术兴趣,增进学生的学习主动性。因此与传统的课堂教学相比,SPOC 模式在一定程度上具有更大的优势。

和幕课一样,翻转课堂同样起源于美国。翻转课堂是从英语“Flipped Class Model”翻译过来的术语,一般被称作“翻转课堂式教学模式”。传统的教学模式是老师在课堂上讲课,布置家庭作业,让学生课下练习。与传统的课堂教学模式不同,在“翻转课堂式教学模式”下,学生在课下完成知识的学习,而课堂变成了老师与学生或学生与学生之间互动的场所。这种互动包括答疑解惑、知识的运用等等,从而达到更好的教学效果。

“翻转课堂式教学模式”的起源也颇具戏剧性。2007 年美国科罗拉多州落基山林地公园高中的两名化学老师乔纳森·伯尔曼和亚伦·萨姆斯为帮助缺课的学生,将化学课程录制成教学视频,让学生回家观看,在课堂上完成作业,并对学习中遇到困难的学生进行解答,意想不到的“学生回家自学,课堂上解决问题”的方式对教学产生了积极的影响。由此,两位化学老师开始思考如何在班级里面开展这种翻转式教学。

2011 年,萨尔曼·罕和他创立的“可汗学院”将翻转课堂推向了世界,一时间诸多学校纷纷投入到翻转课堂的教学模式及方法的翻转课堂与传统课堂相比较,教师由知识的传授者、课堂管理者变为学习的指导者、促进者;学生由被动接受者变为主动研究者;教学形式由“课堂讲解—课后作业”变为“课前学习—课堂研究”;课堂内容由知识讲解传授变为问题讨论研究;技术应用由内容展示变为自主学习、交流反思、协作讨论的工具;评价方式由传统的纸质测试变为多角度、多方式的多元评价。

作为世界上最大的发达国家,与其他国家相比较,美国的大学教育在诸多方面展现了其先进之处。“自由的教育(Liberal Education)”是美国高等教育的理念之一,美国高等教育协会给出的界定是“一种能够增强并培养个体应对复杂性、多样性和变革的能力”。它既强调更宽广范围的渊博知识,例如包括科学、文化、社会在内的知识,又强调在某一特殊领域内取得的专业成就。许多高职院校教师发现,翻转课堂的这些特点正服务于“自由的教育”理念下的具有表达能力和问题分析能力的自由人的培养。因此,很多教师开始尝试将翻转课堂移入大学教育,将适合于翻转的知识点采取学生课前自学,课上讨论交流的教学方式,不适合翻转的知识点采取学生课上学习为主的案例教学等方式,从而不仅实现了学生对知识本身的掌握,同时也实现了学生的自主学习、问题分析能力的培养。

在人类社会中,学习手段是文明延续和发展的其桥梁和纽带,也是个体生存的必要条件。怎样利用现代信息工具促进学生快速、有效、个性化、愉悦地学习是当今高等教育教学研究面临的一个重要课题。

移动学习(Mobile Learning)是从2000年美国加州大学伯克利分校(UC Berkely)的人机交互研究室启动"Mobile Education"项目以来兴起,是一种在移动设备帮助下的能够在任何时间、任何地点发生的学习。

移动学习是利用移动互联技术,将诸如个性化、多媒体、情境智能、触觉交互、移动设备等新技术融入教育与培训领域,它又区别于一般给予优先网络与固定桌面计算机的网络学习和数字化学习。移动学习所使用的移动终端设备必须能够有效地呈现学习内容并且提供教师与学习者之间的双向交流对网络教学资源的利用,电脑等电子设备是必须的硬件设施。

随着信息技术的进步,各种信息技术产品的研发与市场营销速度快得让人目不暇接。就移动终端设备而言,现在人们拥有的手机已不再是一个简单的通信设备,而更应该算得上一个小型电脑,而且任何一件物品都有可能成为智能移动终端,以至于很多新出现的设备人们在其研发推出时还不知该怎么具体称呼它,如Google眼镜等可穿戴的移动终端。在以前的依赖于台式电脑的"固定化网络"时代,学生不可能将台式电脑带入所有课堂,涉及计算机与网络的课程也只能在特定的配置有可以上网台式电脑的多媒体教室进行。而在当今的移动互联网时代,学生可以方便将智能手机和平板电脑等便携移动终端设备带进课堂,相对于课堂上老师进行的填鸭式教学,学生只需要简单的滑动手指即可以搞懂课堂上所学的知识。

技术革新和科技进步在改变人类教育的方式方法中发挥着越来越重要的作用。但与此同时,我们应该时刻提醒自己不要忘记教育的初衷是什么?教育的本质是什么?无论是幕课、翻转课堂、移动学习,技术的确很重要,但技术只是手段而非本质。技术的现代化不等同于教育的现代化。教育的本质是"人",蔡元培先生曾说:"教育是帮助受教育的人,给他(她)能发展自己的能力,完善他的人格。"人类具有无限的创造力,教育的终极目标正是将这种潜能发掘出来,促进个人的成长,造福于整个人类社会。

传统的高等教育教学模式正处于千载难逢的变革之中,本文对移动互联网时代下的高等教育教学模式改革所做的研究只是浅尝辄止,还有很多内容未能涉及,如教育大数据、教育云、创客教育等,这些内容将在下一步的研究中继续探讨。

# 第二章 全球化背景下中国高等教育管理的困境与出路

## 第一节 我国高等教育发展历程

### 一、全球化背景对中国高等教育的要求

自改革开放初期我国重新恢复高考政策以来,为跟上我国经济社会快速发展的步伐,我国的高等教育管理制度也持续发生改变。对于高等教育管理体制进行改革深化并不断加以完善,不但是时代赋予我们的使命,更重要的是,也是推动我国经济持续发展、促使我国改革不断深化的主要动力。高等教育的发展对于一个国家经济发展、民族振兴起着至关重要的作用,而在高等教育发展中教育体制管理又是先驱力量。

如今,全球经济不断深化,国际贸易往来变得更加频繁,各种文化不断碰撞,而各个国家的高等教育也在全球化进程中更为融合,改革的深度与广度也是前所未有的。全球化发展对于高等教育管理方式、管理理念、管理制度以及管理模式都有非常大的作用。同样,全球化发展不但给我国的高等教育发展带来一定的机遇,也带来了严峻的挑战,我国的高等教育需要继续深化改革,迎合时代发展潮流,创新管理体制,才能在全球化背景中不被淘汰,始终站在时代前沿,早日将我国的大学建设成为世界一流大学,为我国经济发展、国家建设培养出更多的人才。

与国外发达国家的一流大学相比,我国的高等教育发展时间较短。我国的高等教育几乎是从近代开始的,在清朝末期的洋务运动、维新运动中,我国才真正建立起第一所大学即北洋公学,之后在1898年又创办了京师大学堂(今北京大学的前身)。随着洋务运动"师夷长技以制夷"口号的提出,清政府建立起一批新式学堂,同时也派遣留学生出国留学,学习国外的先进知识,但是却并没有从根本上挽救清政府衰亡的命运,随着清政府的灭亡,很多新式学堂也随之倒闭,只有京师大学堂被保留了下来。在"中华民国"时期,我国的高等教育发展步入辉煌,出现了很多闻名世界的大学,其中包括国立清华大学、国立浙江大学、国立武汉大学、同济

大学等，这些高等院校为我国后来的经济、教育、文化、科技发展培养出一大批优秀人才，涌现出很多著名的专家学者，同时也给以后我国高等教育发展打下了很好的基础。现在我国很多知名大学都是在那个时期所建立起的大学基础上发展起来的。

从1949年新中国成立以来，我国高度重视大学发展，创办了一大批新型高等院校，在1952年党中央对于国内高等院校进行重新调整、合并，出现了很多钢铁、冶金、地质、林业、航空航天等领域的专门院校，极大地推动了我国高等教育发展。在1966—1976年期间，高考被取消，高职院校停课，红卫兵猖獗一时，我国高等教育停滞不前并有倒退发展的趋势，很多教育体系都遭到了破坏性冲击。1978年改革开放之后，我国恢复高考制度，使得高等教育重新发展走上正轨。在“九五”期间，为响应“科教兴国”发展战略，教育部启动了“211工程”以及“985工程”发展计划，主要目的在于建设起一批世界一流或具有世界知名度的重点大学，同时我国的高等教育体系发展格局也正式形成，高等教育开始平稳发展。

经济全球化发展使得高等教育在进行管理体制改革时必须要满足市场机制发展需求，高等教育在市场取向方面的要求主要有以下几点：一是降低高职院校所需的拨款资金总量，实现高职院校资金独立，加以市场竞争模式，强化自身业绩发展；二是促进政府主导之外的办学机构发展，给私立高职院校提供更多的发展机遇；三是吸引更多的国外自费留学生，努力拓展海外教育市场。

在全球化背景下，我国文化变得更加多元化，因此首先就需要我国的高等教育具有兼容能力。在人类漫长的发展过程中，不同地区、不同国家的人都具有各自独特的生活习惯以及文化习俗，而大学承担着传播文化的使命，所以要想让来自不同地区、具有不同文化背景的学生能够在大学校园中相处融洽，就需要大学自身可以包容多种多样的文化习俗，能够求同存异。此外，在文化多元化的同时也需要高等教育在管理方面能够具有创新意识。文化多元化为我们提供了多种文化选择，各种文化观念、政治观念都交融在一起，相互碰撞、糅合，最终形成被大家都能够广泛接受的文化理念，这些不同的文化理念都涌现在大学校园内，具体是否与本国的高等教育发展相一致，结果也是不可知的，而自主创新则能够让高等教育在管理方面不论面对何种文化类型都不至于迷失，始终保留自身特性。

大学的主要目的在于让各种文化得到传播、融合，如果用政治的手段强势管理，势必会制约大学的发展，同时也会有失公允，与高等教育的本质相背离。所以政府需要减少对高职院校管理的干预，赋予高职院校更多的自主权。实际上，国外很多知名大学，如剑桥大学、哈佛大学等都是私立院校，其主要原因就在于高职院校办学具有更多的自主决策能力。

信息网络的发展给经济、文化全球化发展打下了很好的技术基础，而社会管理也需要有相应的转变，所以高等教育管理模式方面也应做出一些调整。之前我国的高等教育对于信息进行收集、整理以及分析时多数是人工进行的，管理效率非常低，而网络化的发展使得高职院校在信息管理方面更加智能、便捷，同时也赋予信息发布更多的空间自由，公众也能够具有更多的知情权。这就需要我国高职院校在管理模式方面加强网络共享建设，使得信息能够更加透明、公开。

我国实施改革开放制度之后，社会主义市场经济快速发展，新的市场机制很快便建立起来，同时也得到大众的广泛认可。2003 年，我国在加入世贸组织以来，各个行业不断实现市场化，我国高等教育行业也向着市场化方面推进，但是由于教育具有的独特性，使得改革进程并不彻底，在管理理念方面依然有着很多偏颇之处，严重妨碍了我国高等教育的有序发展。

我国高等教育在管理方面具有很明显的重视计划、忽略市场的倾向，这对于高等教育在管理方面的公开、公正原则有很大的影响。我国在改革开放之后，将计划经济转变为市场经济，主要目的在于建立起一个公开、公正的竞争环境，而我国高等教育改革进程缓慢，改革力度不大，导致先前的计划理念一直难以彻底去除，同时也出现了许多不合时宜的情况，如一是在办学体制方面，依然以国家办学为主，在社会资源方面法律保护措施不足，导致高职院校办学水平不高；二是在教育资源配置方面，依然是政府部门掌控，资金也主要由政府提供，没有合理的竞争机制，而政府又会将更多的资金用于重点大学办学中，那些二本三本院校几乎很少得到政府资金支持，导致不同高职院校之间的差异越来越明显；三是在高职院校生源配置方面，政府重视程度有所倾斜，使得学校等级更加明显，因此排名靠前的高职院校理所当然能招到优质生源，而排名差的院校生源也相应很差，不平等情况越发突出；四是在就读过程中，学生可以自由选择的权利很小，如自由选择学校、专业转换等，这就极大地限制了学生的个性化发展；五是在毕业生就业方面，因为社会理念已经根深蒂固，短期内很难转变，因此用人单位在进行招聘时仅仅注重学生的毕业院校，而非个人实际能力，使得毕业生在择业时遭遇到不公平对待。

我国教育理念中，一直以来都重视以物为本，忽略以人为本的教育理念，这就使得高等教育管理理念产生偏颇，高等教育也难以全面、有序地发展下去。这一理念的具体表现有以下几个方面：第一，注重教学规模的扩大，而忽视育人的根本要求，使得高职院校毕业生连年增长，但是毕业生质量却持续下滑；第二，注重大学的派生作用，忽略了育人作用，导致文化传播被极大地削弱，大学功能出现严重失调；

第三,经费投入方面过分注重硬件建设,而忽略了软件建设,使得高职院校校园内高楼林立,教学设备更加先进,但是师资水平却一直停滞不前,学生的思想水平没有实质性的提高;第四,在专业选择方面过于注重学科教学,而忽略了人文教学,使得学生思想变得更加懒惰,人文价值缺失,同时教学内容不思改进,学术研究过于陈旧,缺乏创新性。

全球化背景下,国家对于高等教育也进行了相应改革,赋予高等教育相对而言更多的自主权,让不同地区政府以及大学根据自身情况有选择性地进行办学,提高大学的综合实力,凸显出高职院校自身的发展特色。中央实行放权措施,但是省级政府却实行集权模式,由于省级政府在高等教育管理方面思想观念落后,方式方法过于陈旧,因此在管理模式上存在着很多漏洞以及不足,这严重地制约了我国高等教育的有序发展。

一是要注重“以人为本”的发展理念。在高职院校管理中,以人为本主要就是将学生放在第一位,首先就需要高职院校教师能够以身作则,承担起应该承担的责任,认真培养学生的创新能力。学生是高职院校生存与发展的根本,高职院校管理在改革进程中,只有始终注重学生的全面发展,才能让改革成功进行下去,同时这也是高职院校教育的根本目的。

二是要注重“和而不同”的发展理念。“和而不同”一词中的“和”主要是强调高职院校管理者要以平和、开放的眼光吸收借鉴国外一流大学的管理模式以及管理理念,认真分析自身教学中的不足与缺陷并加以改进,促使高职院校管理水平能够得以提高,使得中西教育模式与管理理念融会贯通。而其中的“不同”主要是指不能全盘吸收其他大学的管理理念,要去其糟粕取其精华,同时高职院校还要有自身的管理特色,不能迷失自己。

三是中央以及地方政府都要转变自身职能。中央政府应该强化对于高职院校的管理并完善宏观调控,也就是在管理方式中要逐渐由直接管理转变为间接管理;管理手段需要由之前的计划以及行政干预转变为组织协调、评估监督、统筹管理;在调控内容方面需要制定出科学合理的高职院校发展规划、经费预算与安排计划,建立起相应的教育机构体系、质量监督管理标准以及各类学位证书颁发标准。而地方政府则需要转变自身的角色,加强地方政府统筹管理,增强地方政府的统筹能力。在近些年,我国各个地区的高职院校都在持续推进教育管理体制改革,而在此过程中地方政府也得到了对于该地区高职院校管理的更多统筹权,然而这并不意味着高职院校管理的主体会由中央向地方转变,只不过是要让地方政府不再单纯起到执行作用,而是要有更多的统筹权,让不同高职院校之间的资源能够得到合理配置,并与当地经济发展步伐相互协调,但是归根结底都应该使得高职院校自身得以充分发展,赋予其更多的自主权。

四是要落实高职院校的法人地位。首先就需要高职院校管理者吸收借鉴西方知名大学所采取的委托代理措施与契约理论,建立起高职院校和政府之间的契约合同关系,同时运用法律制度来明确规定高职院校在专业科学设置、招生及人事管理方面所具有的自主权范畴。政府部门也要督促高职院校按照相应的法律条例来制定出高职院校的管理规章制度,从而使得高职院校管理工作能有法可依,尽量避免高职院校管理工作过度依赖人治,保证高职院校管理能够体现自主性和规范性的原则。此外,还需要加大改革力度,提高高职院校与社会之间的衔接性、灵活性。例如对于传统的招生模式以及考试制度加以改革,不断完善高职院校自主招生机制;加强高职院校教育管理工作,使得高职院校不断得以自我完善;充分发挥社会在高职院校与政府之间的桥梁作用等。

目前,我国的高职院校管理制度虽然不断强化并完善,但是依然有很多缺陷,因此,在全球化背景下需要跟上时代发展步伐,要始终坚持"刚柔相济"与"内通外联"的发展原则。

"刚柔相济"主要是把管理体制当中的严格性与管理氛围的轻松性结合起来。在高职院校管理中一定要不断完善管理制度,这主要可以从以下三个方面实施:一是核心制度。应当正确分析高职院校和政府以及社会三者间的关系,让高职院校能够很好地落实自主管理与学术管理措施。二是一般制度。不断健全学术管理中的民主制度,让当前的高职院校权利分配更加民主化,防止出现集权情况,同时要提高学术在各大高职院校管理中的地位。三是具体制度。这就要求高职院校内部建立起权责明确、分工详细的高职院校法人代理制度、科研教育制度、学术运行机制、学科建设机制与人事管理机制,在强化各大制度之余,还要明确强化机制的目的不在于最大限度管理与约束学生,而在于利用制度的建立来起到解放学生思想、规范学生行为、激发出学生内在潜力的作用。所以各种规章制度的建立一定要凸显出人文精神,同时使得民主精神能够发扬光大,充分反映出学生的根本意愿,在各项制度执行当中,也要尽量使得执行人以及接受人都没有不满心理。

"内通外联"原则即是国家管理部门在制定相关的制度时应该进行多方协商与交流,同时也要和国际先进的高职院校管理制度相互衔接、连通。"内通"要求高职院校管理制度中涉及国际商务、教育、出入境等内容时,应当同各个部门多加协商交流,尽量降低不同法规相互间的冲突;"外联"要求在保障我国教育主权的情况下,按照全球化背景下国际教育的一般原则,对我国当前教育管理原则加以完善与改进。

总之,面对全球化发展背景,我国的高等教育管理也需要进行相应的改革,要不断加大对于教育管理方面的投入,提高办学水平,改善办学条件,加强我国高职院校管理与国际高等教育之间的衔接,促使我国的高等教育管理工作能够得到全面发展,最终具有实质性的提升。

## 二、我国高等教育大众化进程的现状分析

一般来说,从现有的理论知识以及实际的操作经验分析中,我们不难发现,推动高等教育出现大众化的动机只有两种情况。一种是高等教育体制的内部动力,另外一种就是外部因素的动力。在西方很多的发达国家,由于经济水平的发展,上层建筑的完善,教育体制的改革动力多数是处于教育体制的内部需求。但是我国经济发展的独特性、经济发展的不平衡以及经济发展的其他原因导致我国的高等教育的改革主要是由外在的因素所影响的,即我国的高等教育之所以会出现大众化是因为外部因素的动力的推动作用。但是,其中还是我国教育制度的内在改革需要的原因。推动我国的高等教育大众化的进程发展的最大的一个动力,就是在1999年的时候,我国的政府颁布了高职院校的扩招政策。由此可见,我国的高等教育之所以出现大众化的局面是由于我国政府进行了有效的引导和干预,从政治制度以及政策上促进了我国的高等教育的发展。那么我国的政府为什么会颁布这样的政策呢?一是由于当时我国由于改革开放正处于经济发展的高速时期,对于人才的需求缺口量非常的大;二是由于传统观念的影响,受"万般皆下品,唯有读书高"的传统的观念的影响,当时的家庭都鼓励学生进入大学学习;三是由于当时的就业压力以及闲置人员数量非常庞大,接受高等教育一方面可以缓解当时的就业压力,另一方面可以更好地就业;四是由于我国当时的国民教育素质整体水平并不高,需要高等教育进行再教育。综合以上原因,可以了解到为何我国需要积极地促进高等教育的大众化发展。

分析我国高等教育大众化的现状问题,我们必须从实现我国高等教育大众化的方法入手。在其他的国内外经验中,我们可以看到,一般来说,高等教育大众化的实现方式是由当时社会的需求所实现的。在当时,我国的就业人员水平素质普遍偏低,专业性以及复合型人才稀缺,这些人才的培养都是需要高等教育去完成的。因此,我国高等教育实现大众化的主要方式是由教育系统的扩张方式去完成的,以社会需求为明显的导向,社会发展的变化,给我国的高等教育发展提供了明显的指导方式。可以说,我国的高等教育的发展方式有很明显的结构复制的特点。

现阶段,我们可以很明显地看到我国的高等教育的大众化发展走向是非常良好的,在这如火如荼的发展态势的背后,我们必须也看到在高等教育大众化发展中存在的一些问题。例如,很多鱼目混珠的院校的存在,由于学生的数量大幅度的增加导致教育质量水平的下降,由此培养出来的高等教育的学生的素质也不如以前了。这些问题都真实地反映了高等教育的指导思想存在局限。高等教育是应该固守传统的精英化的培养,还是应该顺应潮流的发展往大众化发展。传统的高等教育可以说是极少部分人的特殊教育,而现在随着高等教育的大众化,高等教育逐渐成为每个青年学生所必备的知识技能水平。由于学生数量的众多,学生的水平参差不齐,传统的高等教育已经无法满足现阶段的高等教育的发展。我们可以看到,现在的高等教育的形式已经是非常多样了,例如一流大学、普通大学、职业大学等几个层次划分。

由于当前我国的高等教育呈现多种结构模式并存的局面。我们必须做到深入落实高等教育结构的改革措施。对于传统的高等教育中的基础性、理论性的学科进行压缩精华的提炼,对于专业性实用性较强的专业课,能够为以后的就业发展培养职业技能的学科进行重点有效的教学。在整个的高等教育结构上,传统的高等教育走的是高精尖的路线,而现在,精英式的高等院校可以说是越来越少,更多的高等院校重点工作放在了招生以及就业上,而忽视了对学生专业素养以及综合素养的培养。现阶段,我国的高等教育过于模式化,没有明显的特色的划分,基本上所有的综合类的高等院校都有着相似的学科分类,没有很强的职业针对性以及区域的划分性。这对于我国的经济发展的促进作用不够明显。现阶段,高等院校对于专业课过多的重视导致学生的基础性学科的能力不够强,以及对于其他的学科的涉猎可以说是空白。这对于我国培养综合型、复合型人才而言,是非常不利的。所以要深化我国的高等教育结构改革,促进我国的高等教育健康平稳有效的发展。

在最新的职业调查中我们不难发现,一些专业性很强、技能型要求比较高的职业的需求是非常大的。对于传统的高等教育而言,想要同时做好理论和实际操作的培养是非常困难的,所以,在做好传统的高等教育的基础下,我们应该大力发展多种模式的高等教育,例如高等职业教育,重点培养学生的职业技能。中职教育是中国教育体制下一个特殊而又不可缺少的模块,它与传统的普通教育有一定的差别性,是一种与就业结合十分紧密的教育,突显职业技术差异性。现阶段,我们对于中职教育的重视度非常低,我们应该重视职业教育的作用,做好高等教育和职业教育的协调发展,利用职业教育的特点去弥补高等教育中职业的缺陷。对于高等教育我们应该形成区域化的发展战略,本区域的高等教育应该具有本区域的特色,教育目标和教学内容优先做到以本区域为例,做到区域教育为区域的发展做贡献。在教育发展的同时,可以为区域的发展做出有效的创新改革,促进区域的经济教育的整体发展。

我国的高等教育的大众化进程还处于一个高速发展的阶段中,但是在这高速发展的阶段下,我们应该看到这其中存在的许多的不足。我们要积极地吸取国内外的优秀经验来发展我国的高等教育事业,推动我国高等教育事业的平稳健康发展。

## 第二节 新时期我国高等教育过度问题的外因

### 一、国家经济结构尚未得到完全的改善

过度教育是指由于扩招导致人们的实际教育水平超过了社会劳动力市场从事该工作需要的教育水平。常表现为:高职院校学生就业难,成了高等教育过度的牺牲品;不论是冷门还是热门专业,就业时专业不对口;高职院校学生就业时起薪低。

近年来,“北大毕业卖猪肉”“最难就业季”等新闻屡屡刺痛民众神经,此皆过度教育之果。我国高职院校自 1999 年开始扩招,高等教育至 2009 年进入大众时代。从 2009 年的金融危机到现在,高职院校学生就业危机愈加严重,可见高等教育过度化的危害很大,对毕业生的就业影响仍在持续。进入新时期,我国知识性失业人群仍占较大比例,解决过度教育问题迫在眉睫。像过去一样单是建议高等教育内因分析,从“外延扩张向内涵改进转变”难以改变现状。新时期,国家出台了一系列政策,如逐步分类推进中等职业教育免除学杂费政策;将硕士研究生教育从以培养学术型人才为主向以培养应用型人才为主转变政策;学生创新创业政策;经济新常态发展下相关政策;等等。因而,解决高等教育问题,更需要教育事业与社会环境“与时俱进”。只有人尽其才,才能使我国从人口大国真正转变为人力大国。文章旨在结合新时期政策提出对策,为解决该问题提供新的思考,减缓高等教育过度化所带来的高职院校学生就业危机。

谈及我国高等教育过度问题,多是从教育层面进行分析:大学专业设置与就业市场需求不对;大学扩招、滥开专业;学术型人才过剩而技术型人才稀缺。但本文认为新时期我国高等教育过度化问题得不到解决,更多的是被社会新形势下的外因制约。新形势下的制约因素体现在以下几个方面。

我国的经济结构与大学毕业学生所学专业并不吻合,不能为他们提供更多的

就业机会。虽然我国经济结构在逐步调整,但仍处于艰难的过渡态,需要5年、10年甚至更长的时间才能达到新常态。目前,我国在全球产业链中仍处于底端加工的位置。我国以制造业为代表的劳动密集型产业发达,导致我国经济最需要蓝领阶层的高级工人,而不是白领。针对白领岗位所培养的高职院校学生,自然而然找不到适合的工作。用人单位存在“人才高消费”现象,人为抬高了就业门槛。正如筛选理论所说,劳动生产率是人的内在能力,不因接受教育多少而提高或者下降,雇佣过程中存在着信息不对称。因而反映求职者教育水平的学历,便是沟通雇主与求职者间的一个信号。但高学历的高职院校学生越多,对于我国现行的劳动力市场来说,吸纳这类人才的压力越大。

经济进入新常态发展,下行压力加大,由追求高速增长转向中高速增长、趋向平稳化。我国人民日报数据显示,自2014年以来,经济运行呈下行态势,主要经济指标短期出现整体下滑,特别是第三季度的增幅创下了近五年半来的新低。受此影响,就业市场大大减少了对一般劳动力的依赖,转向对高新技术人才的依赖。曾吸纳了众多求职者的中小型企业纷纷缩小规模,招聘数量减少的同时更加注重求职者的质量。此外,经济新常态下,企业对毕业生的创新和动手实践能力提出更高的要求,高职院校学生就业更加不易。一些高职院校学生为了躲避就业压力,盲目地选择“本、硕、博”连读,并没有选择通过就业锻炼自己的实践与创新能力。

我国传统的“学而优则仕”思想影响着人们的价值选择,广大农民家庭坚信“读书改变命运”。我国传统教育的文化理念是通过求学而获得向上层社会流动的机会。但由于城乡差别,城市垄断了当地几乎所有的优质教育资源,包括经费、师资、学生等,而在广大农村,尤其是偏远山区和经济落后地区,政府对农村基础教育的投入明显不足,师资队伍不稳定,教学水平高一点的教师流动性大,致使农村学生基础普遍较差,即便有那么几个成绩冒尖的还要时时遭遇重点中学“掐尖”的霸道做法。长此以往,富校更富,穷校更穷,好校更好,差校更差,形成教育领域内的马太效应。然而,“宁做凤尾,不做鸡头”,许多家长宁可孩子读三本院校,也不希望孩子读职业院校,更加剧了高等教育过度现象的蔓延。

新时期我国高等教育过度现象是与国家政策、教育事业、社会环境等密切相关的社会问题,各方面都应承担起责任,力求合力解决这个问题。目前,与此相关的一系列政策已经出台,更需要教育事业与社会环境“与时俱进”。

新政策提出,普及高中阶段教育,逐步分类推进中职免除学杂费。国家也已明确今后一个时期总体保持普通高中和中等职业学校招生规模大体相当。据教育部网站消息,2015年,全国中等职业学校毕业生人数为515.47万,就业人数为

496.42 万，就业率为 96.30%，对口就业率为 77.60%。故家庭经济困难的农村学生由于学习资源有限，难以进入优秀大学深造，他们应该更多地选择适合自身学习特征的、操作性强的职业教育，使其就业时有一技之长。此外，专硕和学硕政策，使职业中专毕业的学生仍旧可以继续深造，走专硕的应用型人才发展道路，不必和众多普通高职院校学生挤在一条道路上而增加社会就业难的压力。

教育部提出，自 2016 年起所有高职院校都要设置创新创业课程，纳入学分管理。因而，面对毕业生"就业难"的压力，高职院校要顺应国家政策，重视对学生进行创新创业教育，通过课程的设置和教学方法的转变，把培养学生创新创业能力和实践能力作为学校的办学特色，培养适应市场的应用型人才，方能让其在毕业时化被动为主动。尤其是对于非研究型的普通大学来说，可以借鉴职业技术学院的校企合作模式，综合利用社会资源，通过"校外实训""联合培养"等方式，为学生创造融入社会的机会。

目前，高职院校扩招背景下，大学入学机会增加，然而不少高职院校的农村学生比例却大幅下降，可见基础教育阶段教育资源均衡发展是有必要性的。孔子的"庶富教"就强调了教育使国家得以延续，我国应该继续坚持通过财政和政策等促进教育资源均衡化，尤其是多帮扶西北地区或广大农村贫困地区。从 1999 年至今，从表面看高等教育与个体社会流动的关系越来越松散了。但实质是民众开始从对高等教育资源的竞争转向了对优质高等教育资源的竞争，从把高等教育看作唯一社会流动渠道转向了把高等教育看作社会流动的渠道之一，人们对高等教育的追求越来越趋向于理性了。为此，我们应该继续鼓励人才通过教育或是其他途径创造更多的社会流动机会，尤其是让西北的人才可以有机会向中东部就业市场流动，就不会有大批的学生挤在高等教育这一独木桥上。

经济新常态发展说明我国经济模式在逐步调整，企业对毕业生的创新和动手实践能力提出更高的要求。除了在校期间高职院校承担培养他们的创新创业能力的责任外，社会大环境要给予创新型学生适宜的舞台。目前，我国多项政策鼓励高职院校学生创业，除了江浙一带很早就有的高职院校学生创业氛围，较落后的甘肃等省也已经全面启动深化高职院校创新创业教育改革，通过实施弹性学制、提供创新创业保障、保留学籍休学创新创业等一系列支持措施鼓励高职院校学生在校期间进行创新创业行动。从 2010 年到 2014 年连续五届高职院校学生自主创业比例一直呈上升趋势，到 2014 年中国创业高职院校学生在中国大学毕业生占有 2.9%，中国高职院校学生创业人数再创新高，在我国创业人群中占有很大的比例。故而新的环境下，社会要带动高职院校学生转变就业观，主动抓住机会，利用政策便利，在新时期实现新型就业。

在创新观念盛行的社会,人们会注意能力与知识同等重要。家应改应明白知识不是谋生发展的唯一因素,还需要社会实践能力与创新意识。现在的社会不再需要"书呆子",如果一心只读书,进入社会时孩子无法实现与社会的过渡。经济新常态下,对高职院校学生有新的要求,比如鼓励毕业生从一线基层做起。有调查显示,面对就业,90 后是"追求理想的现实主义者"。他们不爱铁饭碗,注重自我实现,倾向自主创业;在现实面前,他们懂得进退,重视个人能力,学历在他们眼中不再是职场利器。家长也应该长远考虑,少一点短期功利的要求,给孩子更长久的发展。

国务院意见指出,2015 年起全面深化高职院校创新创业教育改革。上述所言也可看出,当其他高职院校学生还在为就业作难时,以浙江大学、清华大学为首的高职院校已经顺应创新型就业趋势,建立高职院校学生创新创业教育平台等,让学生锻炼创新创业能力从而主动创业,成为就业市场的掌控者。除了创业,就业市场也有变化。从新疆农业大学、新疆大学等高职院校举办的毕业双选会上了解到,入场招聘企业数量较往年出现了一些新变化,一些企业的招聘数量有小幅减少,但一些新型民营企业的招聘人数则出现了一定幅度的增加。企业提高了毕业生的工资待遇,但对毕业生的要求也提高了不少。有的企业明确要求毕业生须从一线干起,还有的企业对毕业生实践动手能力提出了更高要求。因而,在经济新常态下,毕业生的就业观念也要进入"新常态",也就是说要跟上当前新的形势,寻找新的就业机遇,从而更顺利地实现就业。

总而言之,新时期就业形势仍然严峻,但原因比往年复杂得多。解决我国高等教育过度化带来的问题,也不能再走老路。国家出台的一系列政策,为解决高等教育过度问题提供新的思考,从而减缓高职院校学生就业难危机。研究发现,要想解决该困境,需要充分利用国家新政策,并在新形势下对教育发展和社会环境提出新要求:高中阶段鼓励中职发展,与应用型专硕对接;大学则要创新就业指导方式,鼓励学生创新创业;国家则应坚持教育均衡发展,为社会流动创造更多机会;经济新常态背景下带动高职院校学生创新型就业;家长的就业观与学生同步。

## 二、中国高等教育的供给能力仍有欠缺

近三十几年中,我国高等教育主要的标志性发展体现在供需两个方面。在供方,恢复了高考制度;设立了严格的与国际接轨的专业学位体制;高职院校数量增加和教育能力提升;改革了原来的公费就学制度;大幅增加了招生规模;引入了其

他社会力量办教育，而不仅仅依靠政府的投资，包括一些外国高职院校在中国设立分校或机构；派遣学生出国留学。在需方，随着居民收入的提高，居民对高等教育机会的需求大幅增加，大批学生迈出国门自费去海外留学；实行了助学贷款和奖学金制度。

我国高等教育虽然有了长足的发展，但供方的能力仍然有些欠缺，这不但反映在为适龄青年提供的入学机会(名额)上，而且更重要的反映在所提供的教育质量上。在入学机会方面，到目前为止，我国仅有大概三分之一的适龄青年能够进入高等院校。在教育质量方面，情况也有些堪忧。在科研和师资队伍建设方面，目前的高职院校管理体制把对行政人员的管理和对科研师资的管理混用起来，采取同一种管理办法，实行同一套规章制度，这在实际运行过程中存在着一定的问题。比如，一个理想的科研人员需要密切注视国外同行的最新成果和研究方向，这就需要他们通过各种方式了解信息，包括随时利用机会与这些同行进行直接和间接的交流、讨论。但是，这些在目前的管理体制下是很难做到的。在短期内，反映到总需求和总供给的相互作用上，一些适龄青年选择去海外就学，意味着本可以用在国内产品和服务上的需求外流到海外，不能不对我国经济的总体发展产生一定的消极影响。

值得忧虑的是，我国需要有学生去海外留学，特别是去美欧等发达国家，以学习他们的先进科学知识和技术，同时增进相互了解，但相对较多的海外留学量是否是好事，值得商榷。也许就我国目前的高等教育状况来说，这是好事，但也绝不是一件值得庆贺的事，只能说明我国高等教育事业的发展是滞后的，以至于我们有大批的学生选择去海外寻找合适的就学机会。应该认识到，目前的状况是不太适合我们追求的大国地位的。在我们追求的目标中，应该包含建设一大批在世界范围内来说都是出类拔萃的、各国年轻人所向往的高等教育学府。这样一个前景才会为我国的经济和社会持续发展培养必要的真正人才，使我国真正崛起于世界的东方，屹立于世界民族之林。

基于中国教育所出现的隐忧，无论在长期还是短期，我国都有必要增加对高等教育的投资。在短期，对这一部门的投资有助于拉动经济；在长期，对我国的人力资本积累，对培养适合我国经济与社会建设需要的人才，将起到不可或缺的推动作用。可整合私人和公共资源，在供给方增加和改善教育设施以提高教学质量，在需求方提供各种奖学金、助学金和其他类似的措施帮助贫困学生充分抓住机会。为了避免公共投资对私人投资的挤出效应，公共投资的对象应该集中在缺少私人投资的领域，或者为确保公平性而需要重点投资的地方。

### 三、国内外高职院校教育的对比分析

美国的大学教育并不只是对学生某种技能的教育，而是让他们有广阔的视野。

讲到美国的大学教育，几年前，杨振宁教授曾经这样讲过，清华大学的学生不比美国哈佛大学的学生差。但是，几乎同时，哈佛大学数学系教授丘成桐认为，“在中国听说美国高职院校学生的数学特别差，但是我的感觉是美国好学生的数学好得真是不得了”。不同的人有不同的看法，到底谁更正确？只有从中美教育的具体情况客观分析，才能从中找到值得我们借鉴的地方。

美国基础教育是12年，小学5年，初中3年，高中4年。美国高等院校大约有3500~4000所。但是大部分学校是面向社会的，培养应用型人才。根据《美国新闻与世界报道》杂志的归类法，研究型大学总数并不多，大约不到300所。对于什么是研究型大学，他们有具体指标，一个大学如果有学科齐全的本科、硕士和博士研究生(论坛)教育，并立足于突破性研究，即为“国家型大学”(National Universities)。哈佛、普林斯顿位居榜首，笔者所执教的南密西西比大学也榜上有名。

如果你的学校有学科齐全的本科专业，生产一定数目的硕士学位但只有很少的博士学位，那就是“硕士大学”(Master's Universities)。美国有600多所硕士大学。剩下的本科院校要有一定比例的学士学位。还有一部分学院生产一半以上的人文学士学位，故称为“人文学院”(Liberal Arts Colleges)，有200多所。

更多的学校是两年制的社区学院和一些职业学校或专门学校，如著名的朱丽叶音乐学院。美国没有体育学院，运动员的成长主要靠个人兴趣和私人资助。美国大约有1000多所社区学院。这些学校的学费相对便宜。两年后一部分毕业生可转到本科院校，学分照算。另一部分毕业生以他们学以致用的知识和技能直接进入工作岗位。

美国也没有国立大学，只有私立大学和州立大学之分。私立大学教育经费与政府无关，学费颇贵，尤其名校，已达每年40000美元以上。州立大学教育经费来自州政府拨款，本州内的学生可减免学费。

美国的教育是通才教育，允许学生自由发展，这是教育的最基本要求。大学教育并不只是对某个技能的教育，而是让学生有广阔的视野，这是美国教育和中国教育明显的区别之一。大学中人人必修的核心课程包含不少文史哲，所以美国高职院校学生能言善辩，常见的校园集会上不乏口若悬河的演讲家。可是，谈到理工科基础知识，如数学、物理、化学，美国那些将来不去读研究生院的学生们普遍比中国

高职院校学生差,因为美国高职院校学生在中学时不会用大量的时间去做大量的习题,宁可去享受大自然。

杨振宁先生曾经说过这样的话,美国教育对前 50%的人有效,中国教育对后 50%的人有效。意思就是中国教育让学生多训练,让本来不太懂的学生搞"懂"了,但这种方法对那些反应比较快的或者能力强的人是不适用的。中国高职院校现在很强调"绿色教育",包括人文教育,而美国在中学阶段已经把这些问题解决了。

美国中学阶段不分文科班和理科班,对学生的数理化基础知识掌握的要求并不高,高中只有代数和几何属于必修课,而且代数不强求背公式,几何也不大教证明。三角对许多州属选修课。但对英文演讲写作训练的要求较高。学校设有很多的选修课,可以让你按照自己的兴趣发展。

在美国的大学,学生们并不把考试当成目的,而是把求知、实用当成目的。进入大学后,公共基础课五花八门,你会感到很奇怪,还有代数、三角函数,而这在中国大学里早就不见了。在美国任何一个州立大学,都有学院教代数课,因为好多学生高中代数没有过关,要补课。

这是一个很有趣的问题。为什么美国高职院校学生数学这么差,这还算高职院校学生吗?答案是现在社会不需要每个人都全像爱因斯坦、都变成杨振宁。美国学生有动手能力,全方位思维,更重要的是他们的交流能力很强,这一点是他们从中学就训练出来的。他们从不循规蹈矩,不相信权威,敢于挑战权威,善于提问。

美国人没有名校情结,他们按自己的兴趣和爱好去选择学校,家长会顺其自然。

同样,美国的高职院校学生把对社会做贡献作为人生目标之一。尽管我们看到他们数学成绩普遍较差,分析能力也不太强,但他们中学、大学学到了一种社会的责任感。首先是做人,做人是根本,知识是次要的。美国大学录取新生不仅看学生的高中成绩和像 SAT、ACT 这样的英文、数学水平测试,还要看他们课外大量阅读或独立研究的有关信息,他们在艺术、音乐或体育等方面的爱好及成就,他们如何为社区献出时间无偿服务的情况,以及他们是否具有领导才能和团队精神,越是好学校越看重这些综合素质。美国各校招生没有"一刀切"的情况,它们没有规定 SAT 或 ACT 最低分要求,因为它们不仅要看学生的考试分数,还要看他们的道德品质,还从他们提交的天马行空、五花八门的作文中捕捉他们的心灵和社会责任感。这一点特别重要,尤其是在名校。所以在美国,尽管一般高职院校学生数学不太好,但是它注重培养有健全人格的人,会学以致用的人,因而对社会既做贡献又有快乐人生的人。

## 四、高职院校学生素质及思政教育的未来趋势

高职院校创业教育的开展是一项系统工程,它涉及明确的组织和运行原则以及所隐含的价值观,需要从全局上进行规划。基于创业教育的实践性,任何一个创业教育项目都需要综合考虑资金、管理机构、教师、教学活动(包括课程、实习项目、特殊的讲座系列)、学生、研究活动、外延拓展活动以及校友活动等因素。每个院校不仅需要科学、合理地搭配以发挥合力,还应该考虑学校的发展目标和文化特征。美国高职院校创业教育的迅猛发展,很大程度上归因于其不断探索与院校发展目标相一致的、随时代变化而不断做出调整的、行之有效的创业教育组织模式。

目前美国高职院校开展创业教育主要遵循两条轨迹。一是以创业学科建设为目标的发展路径,主要采用聚焦模式。在这种模式里,所有资源都由商学院/管理学院调配,所有活动也在商学院/管理学院内部开展,其目标是培养专业化的创业人才以及培养创业教育师资和研究者。1987 年,创业学作为管理科学的一个新领域被美国管理学会正式纳入管理学科。二是以提升学生创业素养和创业能力为本位的发展路径,主要采用全校性的创业教育模式,即创业课程和活动针对全校的学生开展。这一发展理念将创业作为一种实践性的工具,培养不同学科背景学生的创业精神和创业意识,为学生进入就业市场做好多方面的准备。

# 第三章　高职院校教育信息化的资源共享机制建设

## 第一节　教育资源共享机制建设

### 一、教育资源的分布

教育资源共享是我国一直以来都非常重视的一个问题，1998年，国务院批准的我国高等教育“211工程”“九五”“十五”总体规划中三个公共服务体系之中国高等教育文献保障系统（China Academic Library & Information System，CALIS）；1999年9月，教育部发布《关于成立教育部现代远程教育资源建设委员会和教育部现代远程教育资源建设专家组的通知》；2005年6月，教育部关于印发《教育部科技基础资源数据平台建设管理办法》以加强基础教育平台建设的组织与管理工作，保障平台建设规范、有序进行；2008年1月，教育部师范教育司关于印发《师范教育司2008年工作要点》的通知，指出“启动实施教师教育课程教学改革计划。颁布《教师教育课程标准》，调整和优化课程结构，更新教学内容，构建多层次、多形式、多样化的教师专业教育精品课程教材资源库。”

资源是整个社会正常有序运转的必需，是构成各种系统的必要条件。教育资源作为构成教育系统的基本因素，是指教育系统中支持整个教育过程达到一定的教育目的，实现一定的教育和教学功能的各种资源。从广义上来讲，教育资源通常包括物质资源（即教育系统中运用的各种设备、媒体、器材、工具等）、人力资源（即教育系统中的教学科研人员、教学管理人员、教学支持人员及学生等）、信息资源（是指在教育系统中传递的各种信息，主要包括教学内容及伴随教学内容产生的其他信息）。用技术主义的观点来看，任何教育活动都是信息传递活动，教育的过程就是信息交互的过程。因此信息资源是教育系统的最根本的资源。

随着网络的兴起，尤其是Internet（因特网）的迅猛发展和应用普及，基于网络的教育成为人们越来越关心的话题，因特网教育资源（Internet 教育资源）也越来越受到重视。一般而言，我们将网络资源中与教育相关的部分都称为网络教育资源。

网络教育资源包括网络环境资源、网络信息资源、网络人力资源。不同于以往以书籍、报刊、磁带、磁盘、胶片、广播、电视等为物质载体的传统的教育信息资源，网络教育信息资源是一种以网络为承载、传输媒介的新型的信息资源，这种信息资源主要是在 Internet 上获取的，所以也将基于网络的教育信息资源称为 Internet 教育资源。Internet 教育资源是网络的必然产物。

Internet 是将全球数百万台计算机连接在一起的一组网络。用户若要访问网上的各种信息资源必须通过浏览器来实现。目前用于浏览网上信息资源的浏览器有很多，而所使用的浏览器的好坏直接影响到网络浏览的效果。好的浏览器应具有如下特点：①能阅读超媒体文件；②具有字符格式化功能；③支持多种形式的 Internet 信息服务形式，如：WWW，Gopher，FTP，Telnet，WAIS 等；④能访问历史记录；⑤具有书签功能；⑥能发送 E－mail；⑦能阅读新闻，发表文章；⑧具有安全保密功能。

在众多浏览器中，Microsoft Internet Explorer 和 Netscape Navigator 这两种浏览器使用较广泛。这两种浏览器能够提供高质量的浏览效果，支持多种 HTMI. 格式和丰富的网络文件类型，并且具有高度的集成性，可支持 FTP，Gopher，E－mail，Usenet 等多种服务形式。

Internet 上丰富的教育资源为教育领域的发展与创新提供了条件。教育信息是对教育系统中各种活动的运动属性、状况、特征与功能的客观描述。教育信息是对教育的本质和规律的真实反映。Internet 教育信息是指 Internet 上可用于教育过程的、在教育系统中传递的信息。其中既包括为学习者提供的能够形成新的知识、技能、思想、观点、习惯、行为的学习内容，也包括在传递学习内容中生成的其他信息，如相关教育的理论信息、经验信息以及控制信息、反馈信息、管理信息等，也包括世界各国及不同地区开展教育活动的各种消息以及指导、保障教育系统顺利进行的各种政策、法规，还包括与教育、教学等有关的娱乐、商业信息内容。因此教育科研工作者、各层次的学习者和教育者、各级政府部门决策人员均可以通过 Internet 便捷地获取各类丰富的教学内容、教学经验、教育理论、教育动态、教育指导、教育统计资料等教育信息。

由于教育系统涉及多领域内容，因此与教育相关的学术、科研、政府及各种组织机构的信息都可以归纳为 Internet 教育资源。Internet 教育资源分布非常广泛，主要分布在世界各国的教育科研网上，涵盖了以. edu 为域名类的所有资源，并在. com、. gov 中也有分布。Internet 作为“遍及世界 186 个国家，连接 13 多万个计算机网络、1600 多万台计算机主机、600 多个大型图书馆、400 个学术文献库、100 多万个信息源”的信息网络,其信息资源的地理分布异常广泛,Internet 教育资源也涉及世界各地的与 Internet 相连的主机,但就其分布而言主要是在美国、英国、澳大利亚、加拿大等国家。这一方面是由于这些国家作为发达国家,网络环境优越,而且在教育方法、教育手段、办学条件、教学资源等方面发展得比较充分,另一方面也与这些国家是以英语为母语的特点有关,这就避免了像其他非英语国家发布网上信息时的双语种或多语种版本的多重建设。

## 二、核心内容基本相通

深化高职院校创新创业教育改革,是国家实施创新驱动发展战略、促进经济提质增效升级的迫切需要,是推进高等教育综合改革、促进高职院校毕业生更高质量创业就业的重要举措,对于推动高等教育教学改革创新,促进高等教育与科技、经济、社会紧密结合,加快培养规模宏大、富有创新精神、勇于投身实践的创新创业人才,为建设创新型国家、实现“两个一百年”奋斗目标和中华民族伟大复兴的中国梦提供强大的人才智力支撑,具有重要意义。

党中央、国务院高度重视高职院校创新创业教育工作。党的十八大和十八届三中全会做出重要部署,中央领导同志多次做出重要指示,为深化高职院校创新创业教育改革提供了基本遵循。近年来,我国高职院校创新创业教育不断加强,取得了积极进展,对提高高等教育质量、促进学生全面发展、推动毕业生创业就业、服务国家现代化建设发挥了重要作用。但也存在一些不容忽视的突出问题,主要是一些地方和高职院校重视不够,创新创业教育理念滞后,与专业教育结合不紧,与实践脱节;教师开展创新创业教育的意识和能力欠缺,教学方式方法单一,针对性实效性不强;实践平台短缺,指导帮扶不到位,创新创业教育体系亟待健全。

为此,教育部会同有关部门认真落实党中央、国务院的部署和要求,突出问题导向,把握改革重点,在深入总结经验、广泛听取意见的基础上,反复修改完善,形成了《实施意见》,经国务院同意,由国办印发。《实施意见》提出了 9 项改革任务、30 余条具体举措。

深化高职院校创新创业教育改革,要全面贯彻党的教育方针,落实立德树人根本任务,坚持创新引领创业、创业带动就业,主动适应经济发展新常态,以推进素质教育为主题,以提高人才培养质量为核心,以创新人才培养机制为重点,以完善条件和政策保障为支撑。着重把握好三点:一是坚持育人为本,提高培养质量。面向全体、分类施教、结合专业、强化实践,促进学生全面发展,提升人力资本素质,努力造就大众创业、万众创新的生力军。二是坚持问题导向,补齐培养短板。丰富课程、创新教法、强化师资、改进帮扶，推进教学、科研、实践紧密结合，突破人才培养薄弱环节，增强学生的创新精神、创业意识和创新创业能力。三是坚持协同推进，汇聚培养合力。统一领导、齐抓共管、开放合作、全员参与，形成全社会关心支持创新创业教育和学生创新创业的良好生态环境。

《实施意见》提出，2015 年起全面深化高职院校创新创业教育改革。2017 年取得重要进展，形成科学先进、广泛认同、具有中国特色的创新创业教育理念，形成一批可复制可推广的制度成果，普及创新创业教育，实现新一轮“高职院校学生创业引领计划”预期目标。到 2020 年建立健全课堂教学、自主学习、结合实践、指导帮扶、文化引领融为一体的高职院校创新创业教育体系，人才培养质量显著提升，学生的创新精神、创业意识和创新创业能力明显增强，投身创业实践的学生显著增加。

一是制订实施本科专业类教学质量国家标准，修订实施高职高专专业教学标准和博士、硕士学位基本要求，明确本科、高职高专、研究生创新创业教育目标要求。二是相关部门、科研院所、行业企业制订修订专业人才评价标准。三是高职院校制订专业教学质量标准，修订人才培养方案。

主要是探索建立三个新机制。一是实施高职院校毕业生就业和重点产业人才供需年度报告制度，完善学科专业预警、退出管理办法，探索建立需求导向的学科专业结构和创业就业导向的人才培养类型结构调整新机制。二是实施系列“卓越计划”、科教结合协同育人行动计划，多形式举办创新创业教育实验班，探索建立校校、校企、校地、校所以及国际合作的协同育人新机制。三是打通一级学科或专业类下相近学科专业的基础课程，开设跨学科专业的交叉课程，探索建立跨院系、跨学科、跨专业交叉培养创新创业人才的新机制。

课程是高职院校开展创新创业教育的基本载体。一是要根据人才培养定位和创新创业教育目标要求，促进专业教育与创新创业教育有机融合，调整专业课程设置，挖掘和充实各类专业课程的创新创业教育资源，在传授专业知识过程中加强创新创业教育。二是要面向全体学生开发开设研究方法、学科前沿、创业基础、就业创业指导等方面的必修课和选修课，纳入学分管理，建设依次递进、有机衔接、科学合理的创新创业教育专门课程群。三是要加快创新创业教育优质课程信息化建设，推出慕课、视频公开课等在线开放课程，建立在线开放课程学习认证和学分认定制度。

一是开展启发式、讨论式、参与式教学，扩大小班化教学覆盖面，推动教师把国际前沿学术发展、最新研究成果和实践经验融入课堂教学，注重培养学生的批判性和创造性思维，激发创新创业灵感。二是运用“大数据”技术，掌握不同学生学习需求和规律，为学生自主学习提供丰富多样的教育资源。三是改革考试考核内容和方式，注重考查学生分析、解决问题的能力，探索非标准答案考试。

主要是针对创新创业教育与实践脱节的问题，提出以下举措：一是促进高职院校实验教学平台共享。二是各地区、各高职院校科技创新资源原则上向全体在校学生开放。三是鼓励各地区、各高职院校利用各种资源建设大学科技园、高职院校学生创业园、创业孵化基地和小微企业创业基地，同时建好一批高职院校学生校外创新创业实践基地。四是深入实施高职院校学生创新创业训练计划，举办全国高职院校学生创新创业大赛，办好全国职业院校技能大赛，支持举办各类科技创新、创意设计、创业计划等专题竞赛。五是支持高职院校学生成立相关社团，开展创新创业实践。

一是高职院校要设置合理的创新创业学分，建立创新创业学分积累与转换制度。二是高职院校要为有意愿有潜质的学生制定创新创业能力培养计划，建立创新创业档案和成绩单。三是优先支持参与创新创业的学生转入相关专业学习。四是实施弹性学制，放宽学生修业年限，允许调整学业进程，保留学籍休学创新创业。五是高职院校要设立创新创业奖学金。

一是各地区、各高职院校要明确全体教师创新创业教育责任，完善专业技术职务评聘标准，加强创新创业教育的考核评价。二是配齐配强创新创业教育与创业就业指导专职教师队伍，并建立定期考核、淘汰制度。三是聘请各行业优秀人才，担任专业课、创新创业课授课或指导教师，形成全国万名优秀创新创业导师人才库。四是加强高职院校教师创新创业教育意识和能力培训，建立相关专业教师、创新创业教育专职教师到行业企业挂职锻炼制度。五是完善高职院校科技成果处置和收益分配机制，鼓励教师带领学生创新创业。

一是各地区、各高职院校要建立健全学生创业指导服务专门机构。二是健全持续化信息服务制度，完善全国高职院校学生创业服务网功能，建立地方、高职院校两级信息服务平台。三是各地区、各有关部门要积极落实创业培训政策，建设网络培训平台，鼓励高职院校编制培训计划、联合开发创业培训项目。四是各地区和具备条件的行业协会要发布创业项目指南。

一是各地区、各有关部门要整合发展财政和社会资金，支持高职院校学生创新创业活动。二是高职院校要优化经费支出结构，多渠道统筹安排资金，支持创新创业教育教学，资助学生创新创业项目。部委属高职院校按规定使用中央高职院校基本科研业务费，支持在校学生开展创新科研工作。三是中国教育发展基金会设立高职院校学生创新创业教育奖励基金。四是鼓励社会组织、公益团体、企事业单位和个人设立高职院校学生创业风险基金。五是落实各项扶持政策和服务措施，重点支持高职院校学生到新兴产业创业。六是有关部门要加快制定有利于互联网创业的扶持政策。

深化高职院校创新创业教育改革的方向已经明确，任务已经确定，下一步关键是抓好贯彻落实。一是健全体制机制。各地区、各高职院校要把深化高职院校创新创业教育改革作为“培养什么人，怎样培养人”的重要任务、作为推进高等教育综合改革的重要抓手和突破口，摆在突出位置，切实加强指导管理与监督评价。各高职院校要落实创新创业教育主体责任，成立由校长任组长、分管校领导任副组长、有关部门负责人参加的创新创业教育工作领导小组，建立教务部门牵头，学工、团委等部门齐抓共管的创新创业教育工作机制。二是细化实施方案。各地区、各高职院校要结合实际制定深化本地本校创新创业教育改革的实施方案，明确责任分工。三是强化督导落实。要把创新创业教育质量作为衡量办学水平、考核领导班子的重要指标，纳入高职院校教育教学评估指标体系和学科评估指标体系，引入第三方评估。

## 三、核心作用基本相同

国务院办公厅印发《关于深化高职学校创新创业教育改革的实施意见》（以下简称《意见》），全面部署深化高职院校创新创业教育改革工作。中国青年政治学院副院长、KAB创业教育（中国）研究所所长李家华称，这是近几年来国家出台的一项最详细、最全面、最接地气、最具可操作性的政策。

刚刚选择休学创业的清华大学学生王赫从第一次走进《创业管理》课程的教室，就开始思索这个问题。他想听互联网大佬的演讲，想在创业社团里找到志同道合的合作伙伴，想在孵化器里找到投资人和办公场地……

自2002年教育部确定9所高职院校作为“创业教育”改革试点至今，中国的创业教育探索已有13年。在进行创业教育成为普遍共识的今天，如何做好创业教育一直是社会关注的热点。

创业者能不能教出来？没有创业经验的老师能不能教创业课？创业教育的目的是不是要让学生去创业？……这些成了创业教育领域内经久不衰却从未有过统一答案的问题。

在《意见》里，为学生创业创新服务像是一份囊括各类佳肴的菜单。其中提到要建设依次递进、有机衔接、科学合理的创新创业教育专门课程群；要广泛开展启发式、讨论式、参与式教学，扩大小班化教学覆盖面；加强实验室建设、科技园建设、举办创业大赛、支持创业社团；编写具有科学性、先进性、适用性的创新创业教育重点教材等，对各方面都提出了详细的指导方案。

李家华表示，《意见》很“专业”，创业本身就是一个持续性的过程，《意见》中的各方面措施符合创业的规律，在创业的“不确定性”中寻找“确定性”。《意见》中提到的小班化教学、设立创业俱乐部等做法已经在KAB创业教育体系中得到了证实。

这其中，尤为引人关注的是创业教育纳入学分管理，同时各高职院校要设置合理的创新创业学分，建立创新创业学分积累与转换制度，探索将学生开展创新实验、发表论文、获得专利和自主创业等情况折算为学分，将学生参与课题研究、项目实验等活动认定为课堂学习。

一提到学分，王赫有些担心具备创新创业能力是否会变为强制性的要求，用统一标准去衡量的话会给学生增加负担。

“这像是给学生的人生选择自助餐里增添了一道菜。”参与《意见》制定的温州大学创业人才培养学院副教授施永川解释。在过去的学校环境中，想要继续深造和就业的学生都有清晰的通道，这是给创业的学生明确了道路，在学校内建立多元化的人才培养模式，弥补了培养人才的短板。近年来，温州大学就提出了“立足区域，分层分类，专业融合，协同递进”的创业教育新模式，并取得了很好的成绩。

《意见》中也明确提到，运用大数据技术，掌握不同学生学习需求和规律，为学生自主学习提供更加丰富多样的教育资源。改革考试考核内容和方式，注重考查学生运用知识分析、解决问题的能力，探索非标准答案考试，破除“高分低能”积弊。这回答了很多人问清华x-lab执行主任毛东辉的一个问题——创业是不是学业不能兼顾？在她看来，创业教育是要嵌入人才培养体系中的，现在的学生拥有单一的知识结构已经不够，要把专业教育和创新创业教育融合成为复合型的知识体系。

值得注意的是，创新创业教育第一次为老师“松了绑”。

《意见》指出，将提高高职院校教师创新创业教育的意识和能力作为岗前培训、课程轮训、骨干研修的重要内容，建立相关专业教师、创新创业教育专职教师到行业企业挂职锻炼制度。加快完善高职院校科技成果处置和收益分配机制，支持教师以对外转让、合作转化、作价入股、自主创业等形式将科技成果产业化，并鼓励带领学生创新创业。

## 四、高职院校网络教育资源共享机制构建

高职院校网络教育资源共享机制就是在高职院校内,所有高职院校的网络教育资源按照一定的规模以及规范形成教育资源的共享机制,实现各高职院校网络教育资源地位上的平等,通过合作互助促进资源信息的共享。高职院校是社会教育的核心,高职院校教育资源是人才培养的基础,实现教育资源的共享机制有助于促进教育效果的实现,这也是高职院校教育发展的必然趋势和选择。

网络教育的开办需要花费大量的资金,略具规模的网络院校中,仅硬件成本就需要花费上千万元,并且还需要大量的专业人员,但是由于人员素质以及组织方式不尽合理使得资源开发的质量并不高。对于经济比较落后的地区,教育资金的投入严重不足,使得教育资源投入受到极大的影响。而经济比较发达的地区各方面投入充足,教育资源建设效果优良。这种现象导致经济发达地区与落后地区无法实现资源上的共享。同时,网络教育资源的建设主要是高职院校自己进行,建设比较分散,区域内的院校之间组织协调不到位,合作交流不畅通,资源建设的时间、成本消耗比较高,存在着资源重复建设的现象。

同时,网络教育资源建设缺乏统一的标准,使得高职院校网络教育资源无法实现共享。由于高职院校教学资源的建设标准不到位,操作的可行性不强,使得教育资源管理不规范,资源库之间无法实现相互兼容,使得教育资源的共享性比较差,教育网络资源利用效率不高。

当前高职院校网络教育主要是针对本科生和研究生,将学校与电信部门联合,依靠一家网络企业,通过网络信息技术以及设备,将信息通过远程教育网络等进行传输,这种模式比较单一,不能实现教育资源的开放性和规模化发展。

要促进高职院校网络教育资源共享机制的建立,需要有完善的法律保障,但是目前我国的政策文件中只有"全国文献资源共建共享协作会议",现有的法律法规建设比较匮乏,目前而言没有见到各级地方政府及更高一级的立法部门实际的立法立项,没有法律武器的保护就没有政策红线的预警,政策的落实从而受到了严重的影响,不利于高职院校网络教育资源共享机制的建设,教育共享机制缺乏科学的支持与保障。要实现教育资源的共享,高职院校网络教育资源共享机制是十分重要的途径与方法,因此需要从实际情况出发,完善相关的法律保障,保证高职院校网络教育资源共享机制的顺利建设,促进其共享功能的发挥与建设,为我国市场经济的发展提供有力的支持。

数字化教育资源建设是教育信息化的重要内容之一,在已经步入网络时代的

今天,高职院校的数字化教育资源的共建共享问题已越来越突显其重要性。

高职院校是职业教育的前沿,其数字资源共享状况在很大程度上决定着我国职业教育资源共享的水平。然而目前我国各高职院校在数字化教育资源建设和共享中仍存在诸多问题,阻碍了我国数字化教育资源共建共享工程的进一步发展。因此,研究如何较好解决这些问题,实现高职院校间数字化资源的有效共享具有一定的现实意义和应用价值。教育资源是为教学的有效开展提供的各种可以利用的条件,教育资源的开发直接关系到教学能否顺利开展以及教学效果的好坏。在信息化的时代里,教育资源应呈现出其自身的特点,即教学资源的数字化、网络化。数字化教育资源成为推进教育信息化进程的关键因素,共建共享又为其自身应用提供了一条最有效的途径,但是数字化产品或电子出版物的低成本复制和广泛传播,导致著作权人对自己的专有权利变得越来越难以控制。

数字化教育资源共享与网络知识产权保护制度二者对立统一,既相互促进又同时内在地存有一定的矛盾性和关联性。用户基于 Internet 信息开放、扩大流通作用的基础上,要求资源无偿或低成本使用,限制资源专有,反对资源垄断,要求实现社会公众利益。

而网络知识产权是一种私权,具有专有性、排他性,它作为一种公共选择的制度安排,全面深刻地影响数字化教育资源的共享。只有在数字化教育资源共享中协调好二者之间的利益关系,在共享过程中,保证不能随便侵犯版权所有人的权益。

当前,各高职院校对网络教育资源共享机制的建设还没有明确的认识,依旧采用传统的管理模式,各个高职院校内部网络建设得非常不错,网络平台搭建的很好,极大的便利了广大师生充分的共享各自高职院校内部的公共资源。但合作联盟建立后如果还沿用老一套的管理模式来运行巨大的教育网络空间,估计这一系统无法得以顺利地运行,长此以往,各高职院校的共享资源的积极性就会大打折扣。其实各高职院校的合作与联盟是为了保证高职院校网络教育资源共享机制作用的发挥,因此根据当前高职院校的实际情况,建立完善的能够实现统一管理的制度。强化制度调节,促进资源的优化配置,保证网络教育资源能够实现共享。多种管理部门能够保障网络教育管理工作的具体化推进,为资源共享打下坚实的基础。科学合理的联盟制度能够使各高职院校建设网络教育资源共享机制的积极性得到提升,促进高职院校网络教育资源效益的最大化。

要建立教育主管部门引导各高职院校以及院校内的各级管理部门、教育部门与学校管理部门共同建设网络教育资源,明确相关的教育资源共享政策,完善网络教育资源专家组织，按照合作、共享、协作的原则实现高职院校之间以及校内资源的共享、合作，实现网络教育资源共享机制的建立。高职院校内部建设的资源，需要由学校的职能部门带头，加强各院系之间的教育资源合作共享，强化全局的意识和理念，按照不同院系的优势特长，加强各院系之间的协调与发展，实现网络教育资源的自主研究与开发，将资源开发的任务下发到各院校，给予一定的技术支持，实现教育资源的多渠道建设，实现网络教育资源的高水平建设，避免出现资源建设独立、分散等问题。

要实现高职院校教育资源的共享，就需要有完善的共享机制作保障，促进共享水平的提升，因此应加强各高职院校间的教育资源整合，根据学校擅长的内容，结合学校的实际情况，完善信息资源，形成有特色的知识结构，应用科技手段实施网络大数据的实时监控，对访问本院校平台科技检索“词汇”进行统计；对访问量高的资源项目进行深度挖掘，扩大影响面。努力提升相关管理人员的能力，吸收优秀人才，促进管理人员水平的提高，为高职院校网络教育资源共享机制的建立提供人力资源保障。实现信息资源的数字化管理，深化资源共享的保护制度，保护知识产权，对于信息资源共享中可能出现的产权问题提前做好预案，保证高职院校网络教育资源共享机制能够长久的维持。

当前，高职院校不断发展，国内外高职院校的教育交流不断加强，加强网络教育资源的建设、共享以及管理，这是高职院校教育资源建设中的重要内容。现阶段，我国高职院校教育信息化建设已经实现了一定的发展，网络教育资源的共享得到政府以及高职院校的关注，应加强高职院校网络教育资源的共享机制建设，促进资源开发建设水平的提升，实现各高职院校间的资源优化配置，促进资源作用的充分发挥，满足师生的实际需要。

## 第二节　榜样教育理念下评价机制的探索

### 一、注重对教育成效的评价

教育评价是根据一定的教育价值观或教育目标，运用可行的科学手段，通过系统的收集信息资料和分析整理，对教育活动、教育过程和教育结果进行价值判断，为提高教育质量和教育决策提供依据的过程。而时下“榜样教育”理念在很多学校兴起，多数学校重教育过程，忽视了评价的作用，从而失去了“榜样教育”的初衷。“评价”作为教育教学的一项措施，不是为了甄别工作的成败、效果的好坏，而是为了加深师生对榜样文化的认识，强化师生对榜样力量的传承，从而推动学校各项工作在实践中不断发展创新。

多数学校“榜样教育”活动开展得有声有色，但存在的问题是，每次开展“榜样教育”活动仅仅只是存留在开展活动的层面，并不注重过程的评价。甚至部分活动组织者认为只要活动开展了，过程如何不重要，这是一种极其不负责的工作态度，开展的活动也无任何意义。活动最终的效果如何与活动过程是否有效有密不可分的关系。活动的开展和传统的教学一样都需要开动脑筋、优化设计，只有这样才能组织一场高质量的活动。活动结束后，要重视对活动过程的科学性评价，发现问题，善于总结，为以后开展实践活动积累丰富的经验。

“榜样教育”活动的开展要求每位教师了解“榜样教育”的基本要素，“榜样教育”活动不能只是单一的组织开展一次专项活动，要根据学科特点，将“榜样教育”有机渗透到学科教学中的。这就要求学科教师在研讨教材、设计教案时有目的地将“榜样教育”穿插到教学中。同时，要求在学期末撰写一篇“榜样教育”的学科教学案例或经验总结，对此进行评比和表彰，以此促进“榜样教育”在各自学科教学中的渗透。

时下很多学校在组织活动时轰轰烈烈，过程也很出彩，花样多多，但存在一个通病，就是在活动结束后有一种终于可以松口气的感觉，往往忽视了对活动进行总结，对活动成效进行评价。比如，大多数学校将三月份确定为“学雷锋”活动月，开展了实践活动、演讲比赛、主题班会、征文等紧扣主题的活动，但活动月结束后，因不注重对活动效果的总体评价，不注重对活动意义向纵深层次推进，从而导致了雷锋精神三月来四月走的尴尬局面。

总之，“榜样教育”作为一种学校文化，对培养学生的道德品质和人文素养有着重要的作用。而“榜样教育”特色的形成，要靠长期的积淀与传承，通过不断的探索与实践，提高未成年人思想道德教育的实效性和针对性，让“榜样教育”贯穿每一个学生的生命旅程。

## 二、职业教育体制的转变

《职业教育法》明确规定，职业教育是国家教育事业的一个重要组成部分，是促进经济发展和劳动就业的重要途径。职业教育与其他教育既有共同的发展规律，又有其他自身的特点，职业教育直接为社会发展服务，培养目标明确、定向，具有广泛性和社会性，这就需要社会各方面的参与，特别是政府的宏观统筹管理。

在我国经济社会的跨世纪发展中，在社会主义现代化建设事业中，在实施科教兴国战略中,在加入世贸组织中,职业教育面临挑战,但更多的是发展机遇。全社会特别是政府部门要高度重视,大力支持,促进职业教育快速健康的发展。

改革开放以后,随着农村经济的好转和舆论宣传的不断深入,加之高考录取比例的限制,群众对送子女上职高学一技之长,毕业后回乡创业,逐步有了新的认识,但“学而优则仕”的传统观念在农村并没有彻底改变,仍然根深蒂固。这几年由于农村经济效益下降,城乡差别较大,加之全国就业形势严峻,低层次人才相对过剩,导致不少群众对职高信心不足,送子女上普高,考大学的思想越来越突出,农村职业教育出现了近年来少有的滑坡现象。所以,各级政府特别是教育行政部门要运用多种形式向社会宣传职业教育的重要性,纠正鄙薄和忽视职业教育的错误倾向,引导群众正确认识我国职业教育的发展形势,发挥行政调控的主导作用,制止“普高热”的盲目升温,保证职高招生比例。采取降低职业学校收费标准,实施“先培训,后上岗”的劳动用工制度等综合措施,加快职业教育发展速度。

职业教育的成本大大高于普通教育,需要更多的投入。当前大多数职业学校,办学条件差,制约着职业教育发展。许多学校为了维持生存,提高学生收费标准,导致一部分初中毕业生选择了普高。所以,加大政府及企业投资力度,是解决职业教育经费来源的主要渠道。各级政府应认真贯彻落实有关职业的政策法规,落实职业的战略地位,把职业教育作为经济发展的基础性工程,纳入国民经济和社会发展规划。把职业教育投入作为生产性投入,确保财政性收费的大幅度增长,保证教育附加费中划出一定比例用于职业教育。

高质量的教师队伍是全面推进素质教育、提高教学质量和办学效益的基本保证,要培养具有合格学历,又有专业技术职务的“双师型”教师,提高专业教师的操作和动手能力,注意聘请有实际操作能力的专业技术人员和能工巧匠作为兼职教师。加强农科教结合,发挥专业户、农业科技部门及专业技术人员在学生培养中的作用。同时,要把懂教育、懂经济,既能当校长又能当企业家的骨干教师选拔到学校领导岗位上来。

有条件的学校要免试招收初中和具有同等条件的青年入学,放宽入学年龄限制;实行弹性学制,允许学生分阶段完成学业。在政府统筹下,探索在农村建立政府、行业、社会团体和公民个人共同办学的体制。按照《职教法》要求,认证落实部门、行业、企事业单位及社会团体在发展职业教育中的责任,大力开展联合办学,从根本上改变职业教育由教育部门独家办学的局面,形成强大的合力,共同解决职业教育在经费、师资、基地、设备、毕业生就业等方面的问题。

我国入世后,由于市场化、产业化程度进一步提高,劳动密集型产业和出口导向型产业将直接受到益处。一些基础较好的企业要想生存和发展,需要不断进行技术创新,这些企业对人才的需求都是高素质的劳动者,职业教育就必须为其培养具有熟练技术的工人。

入世不仅加速我国市场化进程,而且将推动着我国职业教育的改革和健康发展。职业教育的健康发展就是要做到数量、质量、结构和效益的协调发展。从目前我国教育的实际情况看,最主要的是解决好以下三个问题:

一是要提高职业教育层次,加快高等职业教育发展步伐。

二是要合理确定普通高中与职业高中的比例,保证高中阶段各类教育协调发展,同时要加快中等职业学校布局调整,优化教育资源配置,提高办学效益。

三是要扩大非学历教育,扩大在职培训和转岗培训规模。

中国入世后,职业教育一方面要面向国外市场办学,这对调整人才构成和人才的合理流动起着积极作用;另一方面仍然要为当地经济和社会服务,这就是职业教育的根本所在。

中国入世后,对中等职业教育提出了更高的要求。所以,学生的健康发展非常重要,一是升学,二是就业中的继续发展。但是目前不少职业学校中存在两种错误倾向;要么让学生升学,不重视技能的培养;要么让学生就业,忽视了学生的继续发展。要正确处理好毕业生就业与继续发展的关系,必须要向市场不断探索。

面对入世,职业教育要建立与市场相适应的现代教育管理制度。第一,各级政府对职业教育要进行宏观管理,即政策上的指导与支持。第二,各类职业学校,在政府指导下,要全方位的面向市场,自主办学,按市场经济规律办事,真正实行校长负责制。

职业教育要有特色,必须在培养目标、教育教学、人才质量、社会效益等方面既要区别于普通高中教育,又要区别于国外职业教育,还要在不同学校之间有所区别,这样才能使政府及全社会对职业教育重视,才能赢得用人单位的信任,占领招生和就业市场。

## 第三节　高职院校学生诚信教育体制的探索实践

### 一、高职院校学生诚信教育的基本目标

在 20 世纪的某大学学校报道的一篇学生文章中有着“曾子杀猪以为诚,孔明白帝受托以为信”的句子,从这样的句子中我们能够看到那个时代的高职院校学生

诚信水平较为良好,但是近年来个别高职院校学生的诚信水平有下降的趋势。造成这种现象的原因有诸多方面,不但有外界社会的影响,也有高职院校学生自身的原因,但是诚信教育体制则是造成这些现象的主要因素。因为高职院校学生进入大学时处于思想意识不成熟的时期,在大学期间应该接受良好的诚信教育从而培养自己的道德素养。但是如今高职院校学生诚信教育体制出现了诸多问题,高职院校学生不但得不到良好的培养,而且还受到诸多的不良影响。因此,有效改善高职院校学生诚信教育体制才能够从根本上扭转当前的局面。

高职院校学生的诚信教育形式仅仅局限于一些课程的展开,并且这些课程的展开主要以抽象的理论知识讲解为主。这样就造成高职院校学生在接受诚信教育知识上仅仅停留于对一些知识的汲取,这样的教育必然会呈现出单调、片面的现象。

很多学校在诚信教育形式的打造上进行相互的模仿,虽然在形式上能够有所变化,但是最终的结果是高职院校学生诚信教育形式始终未能摆脱单调的局面。

诚信教育内容陈旧是高职院校学生诚信教育体制中一个特别明显的问题,因为大部分院校的诚信教育内容不能够进行及时更新,有的学校甚至还停留在二十世纪八九十年代的水平。

诚信教育内容应该与时俱进,因为诚信不单单是一个道德的标准,更是在针对不同事情做出的不同反应。在不同的时期,诚信教育内容有着很大的共同之处,但是也有着时代性的差别。如果没有融入时代所特有的因素,那么必然会导致诚信教育内容的落伍。

很明显,高职院校学生诚信教育内容的陈旧就是没有融入新时代的特有因素。从现象上看,造成的是教育内容的陈旧;从实际效果上来看,造成的却是诚信教育的培养与高职院校学生所处的时代不相符。这样会造成高职院校学生对诚信教育可行性的质疑,在这种置疑的推动下他们学习的积极性自然就会降低,这样高职院校学生诚信教育更加难以开展。

诚信教育虽然在各个高职院校内都有一席之地,都能够正常地开展,但是在整体大学教育体系中占据的地位却非常薄弱。大部分学校的诚信教育课程只在一个学期内开设,所占据的课时仅仅为 34 个课时,所占大学课程总课时的比例还不到 1%。而且诚信教育课程的属性大多为选修,考试的方式也基本上为考查,学生只需再交一篇相关论文就能够结课。上述种种现象说明了诚信教育在整体大学体系中所占的地位并不是太重要,诚信教育的开展更多呈现出形式化的状态。

造成这种现象的根本原因在于学校相关领导和主要负责人对诚信教育的轻

视,他们没有认识到诚信教育的重要性,往往把诚信教育推向边缘化。这样就从根本上决定了诚信教育地位的薄弱。

应该说高职院校学生诚信教育体制中最大的问题在于断层,那就是理论和实际的断层。各大学仅仅把诚信教育局限于说教的层面,而没有认识到应该把高职院校学生诚信教育与他们的日常行为联系起来,对于他们日常行为中的不诚信现象往往视而不见,这样就使得诚信教育的开展变得没有任何的意义。

诚信教育能促进高职院校学生的道德修养。因此,高职院校学生诚信教育的基本目标主要表现在学生都拥有正确的诚信观念、能够在日常生活中确实秉持诚信信念、能够在利益得失面前保持对诚信的坚持。

高职院校学生在思想上应该对诚信观念有一个正确的认识,应该分清楚在学习和生活中,哪些行为是诚信的,哪些行为是不诚信的。这种认识就是高职院校学生的正确诚信观念,从本质上看,这种信念是高职院校学生能够利用诚信准则对行为进行本质性的观察,从而做出道德性的评价。

因此,高职院校学生拥有正确的诚信观念由两个层次的工作来构成。第一个层次的工作是高职院校学生应该对诚信的基本含义有一个正确的认识,并且能够对诚信原则和条例进行全面的了解,这个层次的过程可以称作是理论知识储备的过程。第二个层次的工作是高职院校学生能够利用第一个层次工作中所储备理论知识对日常学生和生活中的种种行为进行本质性、道德性的判断和评价。这一层次的工作是理论联系实际的一种直观表现,也是高职院校学生对自己日常行为的一种反思。

从这两个层次工作的内容与实质来看,高职院校学生拥有正确的诚信观念是进行过程发展、层次提升的思想认识工作。需要强调的是高职院校学生拥有正确的诚信观念只是停留在"知"的层面,而没有涉及"行"的方面。

如果高职院校学生对诚信观念认识得再好,而在日常生活诚信观念不能够得到践行,那么高职院校学生诚信教育也是失败的。一个高职院校学生认识水平再高、表面上讲得再头头是道,如果在日常的行为中照样做各种不讲诚信的事情,那么只能证明这个高职院校学生是多么的虚伪。魏晋南北朝史研究专家李传印先生一直强调"伪君子原比真小人更可怕",因此如果在诚信教育体制运行下,培养出来的高职院校学生都表现出上述的那种虚伪,那么高职院校学生诚信教育体制就是失败到了极点。

所以,高职院校学生能够在日常生活确实秉持诚信观念,严格约束自己的行为,这才是真正实现了高职院校学生诚信教育的目标。高职院校学生在日常生活中秉持诚信观念从本质上看是一种“知行合一”的外在体现，应该说只有实现了知行合一、只有高职院校学生确实能够在日常生活中秉持诚信观念，这样诚信教育才能发挥真正的价值，高职院校学生才能够有基本的诚信道德修养。

中国古代有“君子慎独”的说法，电视剧中也有“君子小人只在一念思量”的经典话语，这些都说明一种道德修养之所以很难做到，原因在于坚持道德原则并不是太容易，尤其是受到一定的诱惑时还能够在内心深处坚持这种道德的原则。

对于诚信观念来说，在日常一些极为普通的事情上能够讲诚信其实并不能体现这个人的诚信水平有多高，如果能够在利益得失面前还能够秉持诚信观念那才叫真正的修为高。这样的情况其实很常见，例如考试不作弊就会挂科，就会评不上各种奖项和荣誉。面对这样的情况，如果高职院校学生宁可损失各种利益也不违背诚信原则，那才证明了高职院校学生诚信教育体制是成功的。

其实从长远来看，虽然高职院校学生因为遵守诚信信念而丧失一时的利益，但是换来的却是人格上的真诚，为人处世上的坦荡。这样的性格和道德素养对于一个人的长期发展还是非常有利的。

通过上述两方面的详细介绍，我们了解到了当今高职院校学生诚信教育体制中存在的弊端以及高职院校学生诚信教育的基本目标。在了解这两方面内容的基础上，我们可以确定高职院校学生诚信教育体制探索的主要方向，这些方向主要集中在四个方面，即全面丰富诚信教育的形式、积极更新诚信教育内容、有效提高诚信教育的地位、有效地将高职院校学生诚信教育与他们的日常行为联系起来。

诚信教育形式的单一是制约高职院校学生诚信教育有效开展的主要因素，因此必须对这种现象进行有效的改进，那就是全面丰富诚信教育形式，打破原来单纯理论说教的教育形式，从而创造多样式、多种类的诚信教育形式。

诚然原来关于诚信教育的课程教学还应该保留，在此基础上，任课教师应该更多实行活动型教学。任课教师可以组织学生进行演讲比赛、辩论会，也可以组织学生进行话剧表演，更可以组织征文比赛，但是这些活动都是以诚信为主题的，目的在于打造多方面的、多层次的诚信教育形式。这些新的教育形式大多实践性较强，而且还能够有效发挥学生的主观能动性，这样学生就能够做到将理论知识和实践相结合，这样就能够培养他们对诚信观念更强的遵守意识。

任课教师和相关教学研究人员应该充分将诚信教育与时代的变化紧密联系起来，通过理论研究来探索诚信在当下这个时代的具体表现和具体要求，最后将这些与新时代有关的内容融入诚信教学内容中去。

通过这样一系列的工作，高职院校学生诚信教育内容就能够得到及时的更新，他们能够在接受诚信教育的过程中感受到时代的气息,感受到诚信教育内容可以为他们的实际日常生活进行有效的指导,这样学生对诚信教育的信心才能增强,才能从根本上激发学生的学习兴趣。

诚信教育内容的更新是一种与时俱进的外在表现,只有做到与时俱进才能从根本上保持诚信教育体制的先进性,才能全面促进高职院校学生的诚信教育培养。

高职院校学生诚信教育的开展对高职院校学生来说非常重要,因此诚信教育在整体大学教育体系中的地位就应该得到有效的提高,只有这样才能给高职院校学生诚信教育的发展提供良好的客观环境。

提高诚信教育地位的措施可以通过增加这一方面教学的课时,变更课程属性为必修,严格这门课程的考核方式和考核标准,并把这门课程的通过与否和最后能否取得毕业证结合起来。通过这样一系列的相关措施,高职院校学生诚信教育相关课程教学的重要性就会增强,无论是任课教师还是学生,都会非常重视这一类的课程学习,这样必然他们就能够进行更多的关注和精力的投入。

应该说只有从相关课程教学工作上入手,才能增强高职院校学生诚信教育的重要性,才能有效地提升其在整个大学教育体系中的地位。只有做到了这些,高职院校学生诚信教育体制才能称得上客观、全面。

高职院校学生诚信教育的最终目的还是要落实到行动上,只有这样高职院校学生诚信教育体制才能够完成其应该完成的任务。这一方面工作的开展应该由学校的多个部门一起合作,只有对高职院校学生大部分的日常学习和生活行为进行全面的掌握,才能够确保上述目标的实现。

## 二、思想政治教育制度

思想政治教育制度作为思想政治教育学的一个重要范畴,长期以来没有受到研究者应有的重视。虽然已有部分学者开始探讨思想政治教育的制度问题,但总的来说,对思想政治教育制度的研究还有很多工作要做。其中,首要的一个就是要厘清思想政治教育制度的概念内涵。正如黑格尔所说:“真正的思想和科学的洞见,只有通过概念所做的劳动才能获得。”思想政治教育制度作为制度的一个从属概念,与制度在一定程度上具有共通性。要厘清思想政治教育制度的概念内涵,我们不得不从制度这个概念入手,而关于制度的概念界定,迄今为止,也可谓是众说纷纭。

从制度的语义分析来看,“制度”是由“制”与“度”两个单音节词组合而成的复合性词语。要理解制度,就要先明白“制”和“度”的各自内涵。《说文解字》给出的解释是“制，裁也。从刀，从未。度，法制也。从又，庶省声。”“制”在最初是会意字。有裁制、限制和制度等内涵；“度”在最初则是形声字。有度量和法度等意思。当然，随着汉语词源的发展和演变。“制度”开始慢慢被人们当成一个单独的复合词使用。古汉语辞典《词源》中对制度的内涵做出了两个方面的界定：一是指法令礼俗的总称；一是指一些特别的规定或用法。比如文学作品《西厢记》中的“当归活血，怎生制度”。而现代汉语词典《辞海》则把制度理解为一种在一定历史条件中形成并为主客体共同遵守的规程或体系。比如我们经常用到的请假制度、经济制度、政治制度等等。可以看出，《词源》中对制度的内涵界定与《辞海》中的制度含义还是具有相当差异，特别是《词源》中的第二种解释，把制度看成是一种特别的规定或用法，极具文学引申色彩，这在我们当前的日常生活中几乎不再使用。不过值得注意的是，《词源》中把制度推及到了“法”“令”“礼”“俗”四种形态，这对我们拓宽制度的研究视野具有重要作用。

同时，在学理层面，学者们对制度的界定也是广泛而深入的。马克思从社会关系的角度揭示了制度的本质，认为“制度只不过是个人之间迄今所存在的交往的产物。”

人是社会关系的产物，社会性是人的本质属性。而社会总是由不同阶层构成，不同的阶层在现实交往中会形成复杂的社会关系，在这些复杂的社会关系中一些最稳定的、最基本的联系方式就构成了社会关系结构。制度作为整合社会各阶层交往关系的现实存在，是社会关系结构最重要的表现形式。思想政治教育制度作为制度的具体领域，是社会关系结构在思想政治教育活动中的具体体现。同时，思想政治教育制度作为整合教育主客体要素的现实存在，在本质上也是对思想政治教育过程中最基本、最稳定关系的客观表达。

思想政治教育的直接目的是要培养符合一定社会或阶级需要的“社会人”，社会的需要始终是思想政治教育活动的重要评判标准。正如阿德勒所说：“任何确保人类生存的法则，诸如法规、图腾和禁忌、迷信或教育，都必须受制于社会的概念并适合它。”可以说，思想政治教育的过程，就是把受教育者引入社会，并使其与社会主流群体和环境融为一体的过程，这个过程主要发生在教育主客体的人际互动之中。当然，教育主客体的人际互动不是杂乱无章的，它需要一定的规范和标准，在这种情况下，思想政治教育制度也就应运而生了，因此，可以说，思想政治教育制度形成于思想政治教育主客体的人际互动之中，是对主客体人际互动关系的规范化、系统化表达。

思想政治教育制度作为整个社会制度系统中的子系统，它以规则的形式体现出特定社会关系中教育主客体的基本教育关系,并使这些基本教育关系规范化、有序化,从而为思想政治教育活动提供稳定的具有周期性的时空结构。思想政治教育制度作为思想政治教育结构的规则体现,其主要功能就是为思想政治教育活动提供组织安排,思想政治教育制度是思想政治教育活动得以组织化的主要形式。既然特定的教育组织需要有相应的教育制度,那么,不同的教育制度则构造出不同的教育组织类型。通过各种思想政治教育制度化的组织的作用,思想政治教育活动也就获得了自己的基本结构。因此,在某种程度上,把思想政治教育组织作为思想政治教育制度的基本规定是有相当道理的,通过各种教育组织形式,思想政治教育制度使得现实的思想政治教育得以结构化。

思想政治教育活动的开展需要有一个前提背景,思想政治教育制度就为思想政治教育活动的开展提供了秩序前提和环境支撑。如果没有制度的媒介支持,思想政治教育活动也就成了空中楼阁。可以说,制度是思想政治教育活动得以有序开展的先天保障。同时,思想政治教育制度作为一种社会关系结构,又是整合教育实践中各个要素的联结纽带。我们知道,现实的思想政治教育活动总是充满了各种复杂和不确实的因素,要想整个教育过程顺利进行,教育活动的参与者们就必须达成一定程度的默契,这种默契的形成依赖于教育交往中的某种信任。而“信任以一种秩序为基础。要维护这种秩序,就要依靠各种禁止不可预见行为和机会主义行为的规则。”可见,思想政治教育活动要想获得必要的交往信任,就离不开制度提供的稳定预期机制。

“规则”一词在《辞海》中共有三个层面的解释:一是指典式、法则和规律;二是指在形状、结构或分布上合乎一定的方式;三是指仪范。思想政治教育制度作为思想政治教育活动的规则体系,主要是取第一层含义,即思想政治教育制度是一定社会主体制定出来供教育主客体共同遵守的法则或章程,其本质特征就是要告诉思想政治教育活动的参与者什么能做、什么应该做、什么必须做,或是相反。一般而言,思想政治教育制度是由一系列的教育规则构成,其中那些公开的成文的教育制度无疑具有规范性的特征。但值得注意的是,那些在日常生活中一般不被人们当作教育制度的教育习惯、教育习俗等非正式教育制度是否也具有规范性的特征呢?回答是肯定的。虽然从规则的意义上来看,人们对教育习惯、教育习俗的遵守往往是自发的、模糊的,有时候甚至是本能的。但这并不能否认其教育制度的本质,不能否认其在教育活动中对人们教育行为的重要影响。可以说,教育习惯、教育风俗是内化于教育行为中的规则,是思想政治教育过程中一种潜在的、隐形的规则体系。

同时,作为思想政治教育活动的规则体系,思想政治教育制度是在教育主客体的行为互动中逐渐形成的,其最终意义也只有在教育主客体的现实行为中得到真正实现。简言之,思想政治教育制度一方面是思想政治教育活动的结果,另一方面又反过来规范思想政治教育的现实活动。就思想政治教育的制度体系来说,它不仅仅是一种限制思想政治教育主客体的规范图式,而且也是一种塑造思想政治教育主客体的客观规则。马克思在批判专制制度的过程中,曾精辟地论述了制度对人产生的重要影响。他认为,专制帝王总是把人当作卑贱的奴仆,人们为了他只能像癞蛤蟆一样淹没在生活的泥沼中。人在专制制度下之所以没有人的尊严,原因是专制制度把轻视人类作为其唯一的原则。而这个原则之所以能起作用,"就在于它不单是一个原则,而且还是事实。"在马克思犀利生动的言辞背后,不仅揭示了专制制度对人性的摧残,而且也把制度对人的规范性表现渲染到了极致。

另外,思想政治教育制度作为思想政治教育活动的规则体系还表现为思想政治教育制度具有不同程度的强制性或权威性。在所有的制度类型中,法律无疑是最具有强制性和权威性的,它要求人们遵守和服从一定的规则,同时对违法规则的行为做出相应惩罚。但就本文的论题而言,思想政治教育制度作为一种具体领域的行为规则,其制定和实施必须要以法律为根据,不得与社会法律相冲突,其表现出来的强制性或权威性可能远远不如法律,但不可否认的是,思想政治教育制度对思想政治教育活动中的任何主体都具有一种外在的强制性或权威性,只是程度不同而已。只要是在思想政治教育的活动中,不管你愿意与否,你的教育行为都要受到制度的限制和约束。一旦有教育主体违反这种规则,必然要受到不同程度的惩罚。正如柏森斯所认为的那样,制度不仅是社会组织的结构,"而且是规范的模式,用来规定在一特定的社会中,什么是适当的、合法的或期望的行为或社会关系的方式。"

当然,除了那些正式的思想政治教育制度外。教育习惯、教育习俗等非正式教育制度也具有不同程度的强制性。同样以教育习俗为例。马克斯·韦伯就认为,人们之所以在潜移默化的生活中遵守习俗,是因为"习俗是一种外在方面没有保障的规则。"人们遵循习俗可能是"毫无思考的";也可能是出于"方便"。但不管原因如何,他们都希望其他社会成员也同样能遵守这些习俗。韦伯对习俗的强制性或权威性的理解可谓相当精到,这对理解思想政治教育习俗的强制性或权威性同样适用。一方面,人们遵循教育习俗是自愿或"毫无思考"的,这就与正式教育制度的强制性有了区分。另一方面,不管人们遵循教育习俗的原因是什么,其最后的结果都是在事实上遵守了它。可见,教育习俗的强制性或权威性总是隐性地体现在教育行为之中。它在无形中设定了一种教育行为的范式,这种范式规范或约束了人们的教育行为。

"意识形态"这一概念自诞生以来,就一直处于复杂的争议之中。"意识形态"一词,最早见于19世纪法国哲学家德斯图·德·特拉西的《意识形态的原理》一书,他用这个名词表示他所称谓的"观念的科学"。后来,黑格尔在《精神现象学》中系统地论证了他自己的意识形态理论。黑格尔认为,精神现象学既是意识发展史,又是"意识形态学"。与黑格尔分析方法不同的是,马克思从唯物史观出发,对意识形态做出了两种不同意义的理解。一种是否定层面的,认为意识形态具有虚假性和欺骗性,是统治阶级为了维护自己利益的产物,这一层面的使用主要表现在马克思对青年黑格尔派唯心主义思想的批判之中。另一种是中性层面的,随着马克思意识形态理论的成熟,意识形态已不再是一个否定层面的概念,而是成了社会结构的一种基本要素,是一种包含思想、道德、法律、宗教等观念的上层建筑。正如马克思在《德意志意识形态》中所说:"统治阶级的思想在每一时代都是占统治地位的思想。"在马克思之后,除了法兰克福学派是在否定层面上使用意识形态这一概念以外,大多数研究者都延续了马克思对意识形态中性层面的理解。苏联出版的《哲学百科全书》把意识形态解释为反映现实世界关系和人与人相互关系的思想体系,认为意识形态是阶级社会具有阶级性的系统化、理论化的思想观念的总和。英国《简明大不列颠百科全书》把意识形态看成是政治哲学或社会哲学的一种形式。认为它是解释并改造世界的一种观念体系,其中实践的因素与理论的因素具有同等重要的地位。而我国学者俞吾金在《意识形态论》中也认为意识形态"是代表统治阶级根本利益的情感、表象和观念的总和"。

通过梳理中外学者对意识形态概念的分析,我们可以看出其中的一些共通之处,那就是学者们一般都认为意识形态是反映或体现特定阶级或集团利益的思想观念。其实,不管意识形态的表现形式如何,其本质还是聚焦于它的阶级性。统治阶级要维持自己的统治,就必须要将自己的意识形态输送给社会,以获得社会的支持和认可,于是思想政治教育作为其中的一种重要手段也就应运而生了。可见,思想政治教育与意识形态是有天然联系的,意识形态性可以说是思想政治教育的本质属性,思想政治教育不仅要负责使主流意识形态为全体社会成员所认同,还要负责对社会的非主流意识形态进行批判和扬弃。传播主流意识形态一直是思想政治教育的主要任务和使命,完全脱离意识形态的思想政治教育是不存在的。思想政治教育制度作为思想政治教育活动的背景条件,其制定和实施无疑也会带有鲜明的意识形态性。

思想政治教育制度的意识形态性通过思想政治教育制度的意识形态功能表现出来,从意识形态的视角看,思想政治教育有意识形态功能和非意识形态功能之分,其中意识形态功能是最为根本的。“所谓思想政治教育的意识形态功能,即思想政治教育具有的对受教育者施加意识形态的影响,使其形成教育者所期望的思想品德和价值观念体系,并以此指导和规范自己行为的作用。”思想政治教育制度作为思想政治教育活动的规则体系,其意识形态功能主要表现为思想政治教育制度对思想政治教育活动参与者具有意识形态的影响,这种影响具有一元性、多样性、渗透性和发展性的特征。

思想政治教育制度意识形态功能的一元性,指的是制定和贯穿思想政治教育制度的指导思想只能是一元的。具体到我国,这个一元的指导思想只能是马克思主义,思想政治教育制度的发展必须要坚持马克思主义的指导。对具体制度而言,思想政治教育制度意识形态功能的多样性指的是具体制度表现出来的多样化和灵活性。思想政治教育制度除了鲜明的意识形态性,还不可避免地具有非意识形态性的一般特征。思想政治教育制度要想更加高效有序地发挥作用,就必须要关注思想政治教育活动的不同需要,兼顾教育主客体的差异性和利益多样性。当然,思想政治教育制度功能的发挥也不是一蹴而就的,它有一个渗透的过程,贯穿于思想政治教育各个要素运动的始终。同样,思想政治教育制度意识形态功能的发挥也不是凝固不变的,它有一个变化发展的过程,是随着社会的不断发展而发展的。这就要求思想政治教育制度要根据不同的社会环境和教育情况而不断地进行调整和改革,以适应教学和社会发展的需要。

综上,我们可以看到,作为一种历史性存在、一种社会关系结构和一种带有鲜明意识形态性的规则体系,思想政治教育制度是一个不可分割的有机整体。我们可以将“思想政治教育制度”的概念大致界定为:思想政治教育制度是历史发展过程中特定阶级或组织为了满足思想政治教育实践需求而制定或认可的调节思想政治教育参与者社会关系结构的规则体系。这一概念的界定借鉴和吸收了以往不同学者对制度定义的合理内核,力图在审视制度定义共性的基础上,尽可能完整地揭示出思想政治教育制度的丰富内涵和独特性质。

# 第四章　构建高职院校学生党员教育管理长效机制的研究

## 第一节　高职院校学生党员教育管理的现状

### 一、学生党员教育管理的设计

学生党支部组织管理不到位，学生党支部与企业党组织未形成合作培育机制，造成党员管理相对薄弱，教育难度大。由于“2+1”的人才培养模式的存在，使大三顶岗实习学生党员流动性增加。

部分学生党员自身组织观念淡薄，民主生活会参与热情不高，思想汇报流于形式。学生入党集中于大学二年级，在校期间接受教育时间较短，使其教育效果受到限制。

教育队伍力量薄弱，不能满足新形势发展。伴随着生源数量的增长，学生党员队伍也不断壮大，使党员教育管理工作量大幅增加，给党员教育队伍带来新的挑战。

顶岗实习学生党员的流动性大，对流动党员教育管理存在“漏空”现象。由于顶岗实习学生党员的就业范围广、毕业生离职率相对较高、暂时没有找到理想工作等因素，党员在政治理论学习、实践教育活动和参与民主生活会等存在有效参与不足的问题，使流动党员教育管理存在“漏空”现象。

第一，要做好顶层设计，确定党员教育管理的根本目标，提升高职院校学生党员的综合素质。第二，明确党员教育管理内容。伴随高等职业教育发展，学生党建也有长足发展，决定学生党员教育效果的是思想政治理论教育、科学文化素质教育和人文综合素质教育三大内容。第三，完善高职院校学生党员教育管理测评体系。测评体系建设是以制度做好学生党员教育管理的量化指标考核与评价体系，要充分认识到学生党员教育管理测评体系是一个选拔、培养与评价的系统工程。

高职院校各级党组织高度重视党员的教育管理，转变教育管理观念，把做好前期组织发展与党员后期管理有机衔接起来，使党员教育管理能持续进行。

加强组织制度载体创新,合理设置党支部,健全组织结构。健全党支部组织结构是加强学生党员教育管理的重要保障。学生党组织机构应由支部书记1人、副书记1人、组织委员2人、宣传委员1人和党务辅导员1人组成。完善顶岗实习学生党员的教育管理,提升党组织教育管理的覆盖面。顶岗实习生党员外出在企业实习时间较长,他们参与校内党支部教育培训、组织生活受到限制,影响了党员教育有效管理的持续性。

提升党务工作者素质和业务能力可通过上级党政部门或校内组织学生管理与党建业务培训、专题研讨、讲座、案例分析或校内外各级党委、党校进修学习和经验交流等途径。

鼓励优秀高职院校学生党员参与学风建设。学生党员担任新生班级助理辅导员或党务辅导员,以优秀高职院校学生党员为榜样,鼓励高职院校学生向思想政治素质高、品学兼优、工作能力强和具有良好群众基础的优秀学生党员学习,同时以专业为依托,带领高职院校学生开展"专业技能大赛",发挥学生党员在学风建设中的作用。开展主题教育活动,全面提升学生的综合素质。开展"三立身"主题教育活动,即"以德立身、以才立身、以业立身",提升学生综合素质。坚持"以德立身"以指引学生成长进步,加强"以才立身"以引导学生学业有成,树立"以业立身"以提升正确的就业观和择业观。学生党员参与公寓管理和社团活动。以党团活动室为依托,在各学院党组织的支持下,调动各学院学生党员参与公寓管理积极性,使学生党员协助各学院学生干部参与到公寓的日常管理工作,通过"党员奉献日""共产党员文明寝室"等方式,使广大党员在公寓管理方面发挥模范带头作用,突出党员先进性,在服务同学中得到锻炼和成长。

大学生党员是大学生中的先进分子和骨干,是党的新鲜血液和未来社会主义建设的中坚力量。作为党员,是先锋战士,就应该时刻做好表率,起模范带头作用。但是,目前确有一些大学生党员,先锋模范作用发挥得并不好,主要表现在:政治理论、党的基本知识学习重视不够,理论根底浅薄,看问题片面、偏激;对文化科学知识学习缺乏正确认识和态度等。党员先锋模范作用发挥不好,不仅有损于党员的先进形象,而且削弱党的战斗力、凝聚力,就会在群众中造成极为不好的影响。因此,学生党员应注重如何发挥党员的先锋模范作用这个问题。

发挥大学生党员的先锋模范和骨干带头作用,既是党组织对大学生党员的基本要求,又是大学生党员义不容辞的历史使命。大学生党员只有从政治、学习、工作、生活等各方面发挥好先锋模范带头作用,努力做到思想先进、学习优秀、工作积极、生活热情,才能在学生中树立起大学生党员的良好形象,带领广大同学共同进步,同时促进自身的进步和发展,做出一个学生党员的应有贡献。那么学生党员应该从以下几个方面入手解决发挥党员先锋模范作用这个问题:

在政治上,加强大学生的理论修养及政治品格的培养。作为大学生党员要想在思想上发挥先锋模范作用就要切实提高自己的思想政治素养。政治品格的培养是每个党员健康成长的必修课,追求真理的坚定性、为人民服务的精神、严格自律等方面都是共产党员必须具备的根本特性和特殊品格。加强理论学习和理论修养,则是不断增强党性、提高思想政治素质的重要途径。大学生党员只有深入学习马克思列宁主义、毛泽东思想、邓小平理论和"三个代表"重要思想,认真学习党的路线、方针、政策及决议,不断加强理论修养,通过学习充实自我,才能树立马克思主义的世界观、人生观、价值观。不断提高党性修养,正确认识自我,与社会主体价值保持一致,争取在思想上完全入党,充分发挥大学生党员的先锋模范作用。

在学习上,发挥先锋模范作用。作为一名大学生,核心的任务就是学习。作为大学生党员要发挥党员的先锋模范作用就要做到树立远大理想,刻苦学习,努力实践,勇于创新,敢于挑战,尽自己最大努力取得优异成绩,圆满完成学业。除了要学好本专业知识和各项基本技能、完成学习任务外,还要积极主动地学习其他课外知识,丰富自己的知识面,拓宽自己的眼界和思路。同时尽自己最大努力去关心在学习上相对偏弱的同学,对有些同学觉得没兴趣的课程,多谈谈自己的学习方法。学生党员在同学和老师之间应该起到桥梁和纽带作用。向任课老师及时反映情况,反馈同学们在学习中的问题及意见,做好沟通工作。

在学生工作中,树立榜样,充分发挥先锋模范作用。大学生党员发挥先锋模范作用应首先体现在身边的小事中,要本着"吃苦在前,享乐在后"的精神,坚持集体的利益高于个人的利益,在工作中力争为学生办实事,起到上传下达的桥梁作用,带动同学一起把班集体和学院工作搞好。带头积极参加学校、学院和班级组织的各项文体活动,创造性地开展工作,努力提高自身的综合素质。要能正确对待批评和荣誉,有了缺点、错误诚心诚意地欢迎同学们指出、批评并勇于改正,在荣誉面前不争功。要有强烈的责任感和荣誉心,认真做好每一件小事,真诚对待每一位同学,在同学中树立起一名党员的良好形象,取信于同学,这样才能充分发挥党员的先锋模范作用。

在生活上,发挥先锋模范作用。大学生党员要发挥先锋模范作用就要关心同学,在学习和生活中多注意需要帮助的同学,经常找他们谈心,了解他们思想和生活上的情况,尽自己的最大努力帮助他们解决实际困难,成为同学们的知心朋友,做到广泛团结同学。同时要在生活方面勤俭节约、艰苦朴素,反对铺张浪费,树立良好的生活作风,养成良好的生活习惯,从身边小事做起,从点滴做起,树立党员的先锋模范形象。

当代大学生是朝气蓬勃的一代,是祖国和民族的未来,肩负着建设中国特色社会主义现代化、推动中国走向世界强国的历史重任。祖国的前途和命运如何,关键在于当代大学生能否积极进取,继承和发扬老一辈的光荣传统,并结合自身的实际情况,不断开拓创新。这就对当代大学生,特别是大学生党员的政治、文化等各方面的素质提出了更高的要求,需要大学生党员充分发挥先锋模范作用,把执行党的政策,坚持党的理想,按照《中国共产党党章》严格要求自己统一起来。通过学生党员的骨干、带头和桥梁作用,影响和带动周围同学,一起为祖国的未来而努力奋斗。大学生党员作为我们党组织中的一个特殊群体,要不断提高自己的马克思主义理论水平,古人云:“玉不琢,不成器;人不学,不知道”,大学生党员在工作中要时时刻刻体现出共产党员的先进性。总之,发挥大学生党员的先锋模范和骨干带头作用,是优化党员队伍结构的新生力量,也是加强党的建设的重要力量。大学生是未来现代化建设的主力军,而大学生党员则将是这支主力军的领导者。由于大学生党员是大学生队伍中的优秀分子,其一言一行都代表着党在大学生心目中的形象。大学生党员的作用发挥得好,广大的大学生则会对党充满信任;相反,则会损害党在大学生心目中的形象,因此,在全党自上而下开展以实践“三个代表”重要思想为主要内容的保持共产党员先进性教育活动中,大学生党员应行动起来,“胸怀祖国,服务人民”,把自己融入党的伟大事业,与时俱进、开拓创新、勤奋学习、带动群众,真正起到先锋模范和骨干带头作用。

刻苦学习,不断提高马克思主义理论水平。胡锦涛同志曾经深刻地指出,党员队伍中还存在着与保持先进性的要求不相适应、不相符合的问题,其原因之一便是“一些党员忽视政治理论学习,放松世界观改造,思想滑坡”。所以,胡锦涛同志特别强调:“共产党人增强党性,核心是牢固树立马克思主义的世界观。”而要树立马克思主义的世界观,首先要熟读马克思主义经典著作,学习马克思主义经典理论,这样才能为加强党性修养提供必要的理论前提。而当前存在于不少大学生党员中的普遍现象:很少阅读马克思主义理论著作;轻视政治理论课的课堂学习;思想汇报空洞乏味,缺乏应有的理论基础;等等。所以,大学生党员要加强理论修养,真正做到“不但在组织上入党,而且在思想上入党”。理论水平与思想素质的提高是精神文明建设的一项重要内容,大学生党员要带头提高理论水平和思想素质,成为理论功过硬、具备一定理论水平的新一代接班人。因此,大学生党员要成为其他同学的模范,就要积极地学习,不断地扩大自己的思想政治知识。首先要不断地学习马列主义、毛泽东思想、邓小平理论和“三个代表”重要思想。其次要认真地学习社会主义市场经济理论和基础知识，正确地认识建设中国特色社会主义的必要性、紧迫性和艰巨性。结合实际，借助各种生动活泼的活动形式，在同学中发挥其在政治上的先锋模范作用。例如：大学生党员可以在团支部的民主生活会上，针对每期的主题，结合有关政治理论知识，谈一谈个人心得体会或者感想，让同学们既能从真实的实际生活中感受到生活的变化、祖国的强盛和社会主义事业的旺盛生命力，又能帮助同学们了解和增加有关理论知识，增强对共产主义的信心。

古人云：“玉不琢，不成器；人不学，不知道”，说的就是学习的重要性。大学生党员作为高校的学生，其首要任务是搞好学习，只有学好了文化知识，才能更好地全心全意为人民服务。这就要求大学生党员不仅要有明确的学习目的、端正的学习态度，还要有良好的学习方法，较高的学习效率；不仅要上课认真听讲，按时完成好老师布置的各项学习任务，还要在课外主动学习，探索一些自己感兴趣的学习领域，如计算机、美术、音乐等；不仅要认真学习好本专业的知识，还要学习好相关专业的知识，以拓展知识的宽度和深度，完善知识结构；不仅要能够吸收已学的文化知识，还要勤于钻研，善于思考，勇于创新。这样，大学生党员在不断加强自身个人文化修养和帮助学习上有困难的同学的过程中，其党员的先锋模范作用才能得以充分发挥，使学生受到这种良好学习氛围的感染，共同进步。

大学生党员在工作中要时时刻刻体现出共产党员的先进性。今日之大学生，必将成为祖国各条战线的中坚和骨干，不少人将成为各级各类领导。他们的领导能力、工作水平直接关系到祖国和人民的命运。在大学里，有许多的学生组织和社团，这些组织和社团为学生们提供了施展身手的好去处。大学生党员应该利用这些锻炼的机会，努力培养自己的工作能力。工作能力也是大学生综合素质的体现。应本着为同学服务、对组织负责的原则，在实践中培养自己的交际能力和应变能力，为以后在工作岗位更好地施展自己的才华奠定坚实的基础。大学生党员应该在工作上积极主动，以高昂的工作热情全心全意地为同学服务，积极配合团支书、班长开好团支部民主生活会、班会；主动向同学汇报工作情况，交流思想，提出问题，虚心听取同学的建议和意见，改进工作中的不足，以逐步树立党员的威信。

大学四年，对于大学生来说，是非常宝贵而美好。在这四年中，同学们朝夕相处，所以，大学生党员尤其应重视在生活中发挥其先锋模范和骨干带头作用，要做到勤俭节约，始终高度警惕浮夸、腐败之风。在日常生活和管理方面时刻起到领头雁的作用，主动承担任务。大学生党员要带头树立良好的生活作风还必须从身边的小事做起，从个人的生活作风做起，没有正派的生活作风就不能成就大事业，没有正派的生活作风就会腐化个人的思想，没有正派的生活作风就搞不好学习。因此，大学生党员首先要带头搞好宿舍内务，美好环境是影响一个人成长的重要因素，宿舍是同学居住的时间较多的场所，应该把它建设得更好，包括宿舍的摆设、清洁等等。其次，树立良好生活习惯，杜绝违规行为，不要沉醉于烟酒、牌桌，不要迷恋于影视、影厅，不要嗜好于电子游戏，不要涉猎于夜市校园。要自觉地抵制资产阶级腐朽生活方式的侵蚀，避免刻意追求和崇尚西方那种酒绿灯红的生活。再次，大学生党员应当注意和同学们保持良好的关系，通过平时生活中的点点滴滴，融洽与同学的感情。大学生党员还应注意观察，及时发现同学在生活中存在的问题，并想办法帮助解决。如外地学生在本地亲朋好友少，党员同学应多与他们接触、谈心，并有针对性地组织一些活动来排遣他们的思乡之情，消除他们的孤独感。

总之，发挥大学生党员的先锋模范和骨干带头作用，既是党组织对大学生党员的基本要求，又是大学生党员义不容辞的光荣使命。大学生党员只有从政治、学习、工作、生活等各方面发挥好先锋模范和骨干带头作用，才能在学生中树立起大学生党员的良好形象，影响和团结广大同学共同进步，增强党组织的凝聚力和战斗力，为构建和谐校园做出应有的贡献

发挥大学生党员的先锋模范作用，就是要树立坚定的马列主义政治立场，旗帜鲜明地坚持走中国特色社会主义道路。要有坚定的共产主义信仰，胸怀共产主义的远大理想和为共产主义事业奋斗终生的决心和意志。在同学中发挥其在政治上的先锋模范作用。带领普通同学从真实的社会生活中感受到社会的发展、国家的强盛和社会主义事业的旺盛生命力。

大学生党员作为高校的学生，其首要任务是搞好学习，只有学好了科学文化知识，培养科学精神，增强人文素养，才能更好地为国家、为社会服务，全心全意为人民服务。这就要求大学生党员不仅要有明确的学习目的、端正的学习态度，还要有良好的学习方法，较高的学习效率，拓展知识的宽度和深度，完善知识结构；不仅要能够吸收已学的文化知识，还要勤于钻研，善于思考，勇于创新。只有这样，大学党员在不断加强自身个人文化修养和帮助学习上有困难的同学的过程中，才能让党员的先锋模范作用充分得以发挥，才能使学生受到这种良好学习氛围的感染，共同进步。

大学的各种校园文化活动为学生们提供了发挥特长、完善个性的舞台。大学生党员应该充分利用这些舞台，努力展示自己的风采和才华，以高昂的工作热情为同学全心全意地服务。积极配合基层党组织的工作，主动与同学们交流感想、提出问题，虚心听取同学的建议和意见，改进工作中的不足，以逐步树立党员的威信。

一名党员就是一面旗帜，大学生党员要争做模范：要做努力实践“三个代表”的模范，要做遵纪守法的模范，要做刻苦学习的模范，要做文明行为的模范，要做先人后己的模范，要做勇挑重担的模范，要做勇于同不良现象做斗争的模范。在德、智、体、美等方面全面发展，将自己培养成为合格的社会主义事业的建设者和接班人。

总之，政治方向的坚定、学习中的楷模、生活中的表率，才是新时期大学生党员的光辉形象。

“学生党员”中包含了“大学生”和“党员”两重属性。大学生党员首先是一名学生，其主要任务是学习。那么，大学生党员作为在校学生中的优秀分子，如何才能发挥先锋模范作用，在学习中起带头作用，由此推动全体同学共同发展、全面进步呢？这是值得当代大学生党员深入探讨的现实问题。

随着社会的飞速发展，当代大学生在面临机遇的同时，也面临许多挑战。因此，作为新时代的大学生党员，则更要清楚地知道自己身上所肩负的历史使命，树立崇高的理想和坚定的信念，努力学习，提高自己的综合能力，以适应时代发展的要求和社会主义现代化建设的需要。

在新时期，大学生党员要树立良好的党员形象，发挥先进模范作用，就必须做到以下几点：

首先，大学生党员要在思想上提高对学习的认识，要明确自己的首要任务是刻苦学习，掌握过硬的专业知识，不断拓宽自己的知识面，全面发展，自觉地把自己培养成高素质的社会主义事业的建设者和接班人。

第二，大学生党员在认真学习和积极宣传党的先进思想、政治理论的基础上，要从实际出发、发挥带头作用，勇于实践“三个代表”重要思想，积极参加社会实践，在实践中检验所学的理论知识，并不断提高自己的思想修养和理论水平，树立正确的世界观、人生观、价值观，使自己成长为一名合格的共产党员，真正做到“内强素质，外塑形象”。

第三，大学生党员要密切联系群众，充分发挥桥梁纽带作用，要热爱和关心集体，顾全大局，树立榜样作用，带动同学共同建设好集体，增强集体的凝聚力。既要与同学搞好关系，又要帮助同学解决在学习、思想和政治上的问题，与同学共勉，共同进步。

第四，大学生党员要自觉遵守党的纪律，遵守校规校纪，在同学中起模范带头作用。同时，面对一些违反校规校纪的现象，要敢于挺身而出，坚决加以阻止。

第五，大学生党员要牢固树立全心全意为人民服务的思想。在学校这个环境里，为人民服务指的就是为同学们服务。这就要求大学生党员要从点滴做起，吃苦在先、享乐在后。例如，发现同学在学习、生活上有困难时，应热情给予帮助；发现同学思想上有疙瘩时，应主动给予开导；遇到个人与同学利益发生冲突时，应先人后己。大学生党员的先进性作用正是通过此类看似微不足道的事情体现出来的。同学们也从中对大学生党员的良好形象有一个最直观的认识，从而有利于提高党和党员在同学们心中的影响力。

## 二、积极地坚持马克思主义指导地位的根本性原则

当前，由于社会的转型时期，对于人才的需求不断地提高。在这样一种大背景下，民办教育的作用越来越显得重要。在民办高职院校教育过程中，为了有效地保证这些学校的学生都符合当前社会所提出的要求。各个民办高职院校一方面在教育教学水平上在不断地努力，与此同时，在校园的建设层面也不断地加大了投入，以满足学生对环境的需求。在本文中，我们基于民办高职院校自身所具有的特点，针对校园文化建设与思想政治教育体制进行论述，旨在提高民办高职院校的办学水平，促进高职院校稳固发展。

时代在发展，全球化经济在各国渗透，东西方文化之间的碰撞，一种多元化思想满溢开来。其中资本主义国家的某些资本意识严重泛滥，这对国民的思想意识或多或少地造成了影响，对我国的社会主义不同程度地造成影响，而高职院校肩负着对下一代社会主义接班人培养之责。在这样的一种大背景下，作为民办高职院校，如何就意识形态的思想政治展开有效的教育？其首要的根本性原则，就是要坚持马克思主义指导地位，以马克思主义为指导思想，积极实现校园文化建设跟高职院校的思想政治教育的有机地结合，在高职院校思想政治教育过程总开拓出新的重要的途径。并且能够积极地营造出一种社会主义核心价值思想的良好的氛围，最终促进民办高职院校思想教育质量的提升。

人是这个世界的根本，没有人一切都免谈。在民办高职院校校园文化建设和思想政治教育体制的创新中，必须坚持“以人为本”教育观。毕竟“以人为本”教育观是科学发展观念中最重要的一个成分，且处于核心地位。以人为本，实际上就是通过对人内在驱动进行有效的激发，进而达到提高教育质量的目的。从这一意义来说，民办高职院校中的每一教师，在教学过程中应该充分地对学生给予认同和尊重，并且在实际中充分地对学生发展规律给予掌握。在此基础上更好地展开教育活动。就民办高职院校教育而言，思想政治教育同校园文化建设进行科学合理的结合，让教师在教育中发挥出指导性的作用。此外，积极提升校园文化建设教育内

容,以此提高吸引力让学生的积极参与活动。学生有了参与的积极性后,会投入更多的热情,会更加主动,学习活动中掌握更多的主动权。而教师在教学活动中发挥出自己的主导性,并尊重学生的主体性,与此同时为学生营造出自我塑造、自我实施教育,以及自我发展的良好氛围,并且始终坚持平等态度和民主态度,在此基础之上积极有效地推动民办高职院校校园文化建设和思想政治教育的积极创新,真正为我国的社会主义新一代人才的培养提供有力的支撑。

高职院校教育的“大学精神”,实际上指在思想方面高职院校教育中所形成的意识形态。这种高职院校教育中所形成的意识形态需要教职员工共同的努力,这种共同的努力包括工作和学习等各个层面,进而形成一种高职院校的思想意识。需要注意的是,这里的“大学精神”包括多方面的意识形态的内容,而对“大学精神”的培养途径各不一样。比如,从专业学术培养角所培养出的是学术层面的精神。而民办高职院校校园校风建设的“大学精神”,实际上就是思想精神。此外,那种以文化内涵为内容所培养出的实际上就是一种校园的文化精神。从以上我们发现,不同的途径培养方式所培养出的精神内涵不一样,但是这种不同内涵的精神都离不开校园文化建设与思想政治教育这一核心内容,离开这一核心就构不成“大学精神”。

为了在民办高职院校校园中开展思想政治教育,应该积极地建设民办高职院校校园文化活动平台。在实际中,为了搭建民办高职院校校园文化活动平台,作为民办高职院校,为了有效丰富校园文化活动,可以结合实际开展一些有助于校园文化建设和思想政治教育的活动,其活动的形式有校园社团文化节,以及高职院校学生学术科技节和校园文化节等各种各样的形式。进而达到积极建设校园文化的目的。除了以上所列举的校园社团文化节、高职院校学生学术科技节、校园文化节之外,还可以开展一些活动:青年志愿者社会实践行动和高职院校学生就业创业行动等。积极建设民办高职院校校园文化活动平台除了以上方式之外,在思想教育信息方面还可以建立起全方位的反馈平台,这样有助于积极提升高职院校学生的思想教育效果,并为此做好坚实的基础。在概括和表达一座民办高职院校的办学精神和办学思想中,最具有表达力的是这座学校所坚持的校训、校徽以及校歌。作为高职院校,在实际的校园文化建设过程中,完全可以跟思想政治内容进行合理地整合,最终促使高职院校建构起良好的教育环境,进而为民办高职院校的思想政治教育积极地提供出最佳的方式。

任何一项政治思想教育,如果缺乏了信息的反馈,就无法掌握政治思想教育的实际状况,无法进行下一步的政治思想教育,最终导致思想政治教育失去针对性。

从这个意义上来说,信息反馈在民办高职院校思想政治教育中有着不可替代的积极作用。所以,不论哪一所高职院校都有必要充分地对思想政治教育反馈渠道实施科学合理的优化整合。在民办高职院校校园文化建设中,积极创造出民办高职院校校园文化建设和思想政治教育的有利条件。此外,由于全球化经济的发展,东西方文化之间的碰撞,其中资本主义国家一些资本意识严重泛滥。作为民办高职院校必须建构起具有前瞻性的反馈信息,其目的在于能够及时地对这些问题进行解决。为此,可以在民办高职院校里建立起关于校园文化建设与思想政治教育创新的重要研究组织,然后对学生中某些不良思想和问题进行及时的收集,并做好整理,最后将这一消息及时地反馈给民办高职院校的管理者,进而达到为文化建设积极提供全面有效的信息支持。

## 三、积极加强对党、政、工各个团队伍结构的有效整合

在民办高职院校中,展开校园文化建设与思想政治教育体制创新,这一过程毕竟是一个动态化的系统过程,这一系统过程所囊括的人员有教职员工,有学生,其涉及的人员之多、之广,不是某一个高职院校功能部门所能够驾驭得来的工程。这就需要民办高职院校校园中的党、政、工各个团队伍积极发挥良好的指导作用。在高职院校中应当树立起一种意识:全员参与意识。在这样队伍中,应该既有重要部门的党、政、工团干部,也要有教职员工等,将这些不同岗位中的优秀人员进行有效整合,并充分了解和掌握这些人员的思想状况,并且结合民办高职院校的实际状况,以高瞻远瞩的目光展望高职院校的未来,积极制定出合理和科学的关于校园文化建设和思想政治建设的创新工作方针。真正地做到为民办高职院校校园各项工作顺利开展提供保障。此外,党、政、工各个团队伍结构中一批学生骨干,让他们在队伍中充分地发挥出积极的作用。

综上所述,对校园文化建设与思想政治教育体制的给予积极创新,有助于民办高职院校的未来发展。但是民办高职院校校园文化建设和思想政治教育体制的创新必须遵循一定的原则,在此基础上,积极建设民办高职院校校园文化活动平台,对信息反馈渠道进行最佳优化处理,积极加强对党、政、工各个团队伍结构的有效整合,相信一定会促进高职院校校园文化建设与思想政治教育体制的积极创新,促进民办高职院校的健康发展。

## 四、学校国防教育是全民国防教育的基础

国防教育是国家为增强公民的国防意识,提高公民的国防行为能力而进行的

教育，是国防建设和国民教育的重要组成部分。国防教育这一社会现象具有双重属性，既有国防属性，又有国民教育属性。国防教育的双重归属表明国防教育具有巩固国防和综合育人的双重功能。国防教育的国民教育属性决定着国防教育必须遵循教育的基本规律，国防教育的组织者们只有依照一定的教育规律去开展国防教育，才能更好地达到理想而科学的效果。国防教育所具有的综合育人功能表明国防教育工作者可以按照一定的教育规律，有目的、有计划、有组织地去开展实际活动，实现教育的基本作用与功能，达到预期的目的。

著名高等教育学家潘懋元教授提出，关于教育这种社会活动与社会的其他活动关系的规律，叫作教育的外部关系的规律，简称为教育的外部规律；关于人的全面发展规律，是一切教育活动应遵循的，称为教育内部的基本规律，简称教育内部规律。从潘懋元教授的教育内外部关系规律出发，国防教育与政治、经济、文化以及学生个体等各种因素之间有着必然联系。国家教育制度和人才培养战略作为"各种因素"中的一部分，同样与国防教育有着必然联系。理解和处理好国防教育与国家教育制度和人才培养战略之间的联系有着重要的现实作用与意义。

所谓教育制度，是指一个国家中各种教育机构的体系，受一定社会的政治、经济、文化影响和学生身心发展特点的制约，旨在实现教育目的的社会公认的组织系统。教育制度，即要求大家在进行教育方面活动时所应共同遵守的办事规程或行动准则，具有规范性、系统性和可操作性。在规范性方面，无论是法制性教育制度还是社会惯行的教育制度，都具有比较浓厚的强制色彩。此强制性来源于制定教育制度的机构具有权威性，以及实行教育制度某些方面时所运用的方式的强制性。在系统性方面，体现出了整体性、结构性的特点。而可操作性，则为教育制度提供了操作实行教育实践活动的基本依据。教育制度的性质与这些特点决定着它在教育实践活动中充当着一种指导性的角色。

战略，关系到事物的全局发展和长远利益的谋划。具有高立足点、气势宏大、深谋远虑等特点。"人无远虑，必有近忧""凡事预则立，不预则废"等成语，充分表现出了我国古代人民对战略思想的重视与对战略思考的推崇。人才学家王通讯认为："在种种竞争中，战略上胜人一筹往往成为捷足先登的关键。"由此可见，不论古今，各个领域的建设都需要重视战略。自中国入世后，各领域竞争日趋激烈。如何科学进行现代化，完成赶超欧美强国的计划，实现中华民族伟大的民族复兴，只靠物质方面硬性比拼是远远不够的。当今世界的竞争靠的是人力资本的积累与运用。"人力资本"理论告诉我们，人力资本的增长是现代经济增长和发展的主要动力与源泉。生产力中最活跃的因素是人，只有人才能掌握知识、应用知识和创造知识,具有越多知识的人才有可能创造出更加先进的生产力。中国虽是世界上拥有最多人口的国家,但它远不能够达到人才资源强国的水平。为了让我国早日转变成人力资源强国,实施人才培养战略是顺应时代要求的选择。而所谓的人才培养战略,就是一种关系到经济和社会的发展全局和长远利益的谋划,把人才作为一种战略资源的全局性的构想与安排。

2001年实施的《国防教育法》第5条明确提出:中华人民共和国公民都有接受国防教育的权利和义务。普及和加强国防教育是全社会的共同责任。第13条:学校的国防教育是全民国防教育的基础,是实施素质教育的重要内容。教育行政部门应当将国防教育列入工作计划,加强对学校国防教育的组织、指导和监督,并对学校国防教育工作定期进行考核。第16条:学校应当将国防教育列入学校的工作和教学计划,采取有效措施,保证国防教育的质量和效果。

长期以来,党和国家一直非常重视学校国防教育的发展,把学校国防教育作为全民国防教育的基础。首先,学校教育具有系统完善的教育教学制度、固定合理的教学时间和课程安排、稳定优良的教学场所和学习风气、完整配套的教学设施设备、组织有素的师资队伍,是全面推行国防教育的优良之地。其次,学生正处于身心发展的塑造阶段,易对其进行思想意识方面的熏陶,便于进行国防教育观念意识的深刻传输。学校国防教育所达到的效果明显大于社会国防教育所取得的效果。再者,现在的学生也就是未来社会国防教育所针对的对象。如果前期有了良好的学校国防教育的积淀,那么便利于后期社会国防教育的推行和推广,最终实现全民国防教育的良好发展。

正是因为开展好、发展好学校国防教育有着重要的意义,国家、社会以及学校有必要采取合理有效的方式手段、内容及要求针对各级学校进行国防教育。《国防教育法》第14条中提道:小学和初级中学应当将国防教育的内容纳入有关课程,将课堂教学与课外活动相结合,对学生进行国防教育。《国防教育法》第15条:高职学校、高级中学和相当于高级中学的学校应当将课堂教学与军事训练相结合,对学生进行国防教育。

教育受一定社会的政治、经济、文化制约,并为一定社会的经济、政治、文化服务,学校所进行的一切教育活动,都是按照国家不同时期既定的教育制度、方针开展,受到不同时期的国家教育制度和人才培养战略的支配。因此,学校国防教育同学校其他的教育活动一样,受到国家教育制度和人才培养战略的制约,并为其服务,要与其相适应。

国防教育是国家公民基本素质教育的重要组成部分,受国家教育制度所制约。

自新中国成立以来,我国的国防教育围绕着如何适应不同时期的教育方针而开展,并受制于当时的人才培养战略,随之转变而转变,发展而发展。

1949 年中国人民政治协商会议第一届全体会议通过的《共同纲领》第 41 条规定:中华人民共和国的文化教育为新民主主义的,即民族的、科学的、大众的文化教育。它规定了新民主主义教育的性质、任务、国民道德标准、教育方法以及教育改造过程的步骤和重点。教育部部长马叙伦在第一次全国教育工作会议上的开幕词中说道:"按照共同纲领,我国的高职学校的目的应该是培养理论与实际一致的、具有高度文化水平、掌握现代科学技术成就、全心全意为人民服务的高等建设人才。为达到这个目的,我们的高等教育要进行革命的政治教育,肃清封建的、买办的、法西斯主义思想,发展为人民服务的思想;要配合工业、农业和国防建设的需要,密切地联系实际,进行关于科学理论和技术的教学工作。"新中国成立初期的国防教育便是围绕该教育方针以及人才培养战略进行的,服务于新的政治、经济,也服务于新的教育方针和人才培养战略,培养新民主主义革命者。

1958 年发出的《关于教育工作的指示》明确宣布:"党的教育工作方针,是教育为无产阶级的政治服务,教育与生产劳动相结合。"后来毛泽东在一次谈话中,把党的教育方针表述为:"教育必须为无产阶级政治服务,必须同生产劳动相结合。"社会主义时期教育方针的确立,确定了国防教育在学校教育中的地位和作用。随着国内政治"左倾"思潮的扩大以及国家外部安全环境的恶化,国家以发展国民经济为中心逐渐被以国防建设和阶级斗争为主要任务所代替。随着国家教育中心的偏移,教育方针与人才培养战略也发生了严重的"左倾"。为适应此时期的教育方针和人才培养战略,学校国防教育也转变成以培养学生成民兵为任务,对学生进行民兵训练,开展政治和战备教育。"文化大革命"开始后,阶级斗争的需要严重逆转了教育方针和人才培养战略,也大大影响了学校国防教育,使学校国防教育一度处于无序和扩张的状态,以阶级斗争为纲渗透于学校国防教育中,学校国防教育同样沦落为阶级斗争需要的工具。

改革开放以后,新的社会发展提出了新的教育需要和人才需要。1993 年,在《中国教育改革和发展纲要》中提出:教育必须为社会主义现代化建设服务,必须与生产劳动相结合,培养德智体全面发展的建设者和接班人。1999 年,在《关于深化教育改革全面推进素质教育的决定》中指出:实施素质教育,就是全面贯彻党的教育方针,以提高国民素质为根本宗旨,以培养学生的创新精神和实践能力为重点,造就"四有"及德智体美等全面发展的社会主义事业建设者和接班人。2002 年,党的十六大报告进一步阐述为:坚持教育为社会主义现代化建设服务,为人民服务,与生产劳动和社会实践相结合,培养德智体美全面发展的社会主义事业建设者和接班人。改革开放后的新时期的国防教育依然围绕着国家教育方针和人才培养战略而开展,并随之转变和发展,表现在学校国防教育突出了育人功能,并最终定位于适应国家人才培养和加强国防后备力量建设的需要上,为培养高素质的社会主义事业的建设者和保卫者服务。

国防教育受国家教育制度和人才培养战略所制约的现象不仅存在于中国,也出现在外国。如通观苏联在建国初期、20 世纪 20 年代、30 年代以及第二次世界大战后的教育改革中表现出来的学校国防教育随国家教育制度和人才培养战略的不断改变而不断转变的情况即可得出。

教育可通过教学的途径来实现既定教育目的,完成一定社会(或阶级)的人才培养目标。国防教育作为一种教育,能够对所需培养的人才进行国防教育,增强其国防意识,提高其国防行为能力,使其在军事技能训练和军事理论知识学习中,提高身心素质,激发爱国热情,掌握系统方法,更好地去发展未来和服务社会。因此,国防教育是人才培养的有效途径,能够为国家的人才培养战略服务。

现代中国的经济建设和改革的主要任务是实现工业化,大力推进信息化,加快现代化建设。高职院校国防教育的发展必须适应这个时代的要求,支持、顺应社会的发展潮流,为国家的人才培养战略服务,帮助培养社会各行业所需人才,只有这样,国防教育自身才能得到真正意义上的生存和有价值的发展。

国防教育,关键在于高职院校的国防教育,应考虑社会发展的实际情况和人才培养战略的具体要求,通过确立相应的学校培养目标和教学目标,来组织教育教学内容,采取教育教学方式手段,完善国防教育师资队伍的建设,设置合理有效的课程安排,连同国家、社会、学校等各方面的力量来发展和促进、帮助培养出社会各行业所需人才,为国家人才培养战略服务。

“国无防不立”告诫着我们国防安全的重要性。国防安全是经济、政治、文化平稳发展及人民安居乐业的重要前提。而如何加强国防建设,离不开国防教育。

中华人民共和国成立之初,毛泽东亲自批准在高职学校学生中开展军训,为部队培养预备役军官。邓小平对此更为强调,认为搞好国防教育要从娃娃抓起,要加强对公民特别是青少年的国防教育。1989 年,江泽民在《要切实重视国防后备力量建设》中提道:“越是在和平建设时期,越要宣传国防”。他明确指示:“学生军训,我看要坚持下去,通过到部队的锻炼,培养一个人的组织纪律观念,艰苦奋斗精神,不管他将来做什么工作,都是大有益处的。”胡锦涛提出:“坚持全民办国防的方针,广泛开展全民国防教育,完善国防动员体制,加强国防后备力量建设,在全社会形成关心国防、热爱国防、保卫国防的生动局面。”这些均体现了不同时期，不同领导人对国防教育的重视。另外，在《国防教育法》中也有明确显示。《国防教育法》第 2 条：国防教育是建设和巩固国防的基础，是增强民族凝聚力、提高全民素质的重要途径。第 3 条：国家通过开展国防教育，使公民增强国防观念，掌握基本的国防知识，学习必要的军事技能，激发爱国热情，自觉履行国防义务。

在高职院校推行国防教育有着不可忽视的作用。国防教育是加强国防建设的必经手段，是发展后备军事力量的重要环节，是人才培养的有效途径，是提高学生全面素质的重要方式，也是整个教育系统的一部分。正是由于国防教育在整个教育系统，甚至整个社会系统中有着极其重要的地位与作用，所以国家教育制度和人才培养战略的提出与发展总会在不同程度上受其影响。

回顾国防教育与国家教育制度和人才培养战略之间的发展概况，我们深切体会到，国防教育必须与国家教育制度和人才培养战略相适应。这不仅符合社会发展的需要，顺应时代的潮流，更是遵循教育规律的发展。只有使国防教育与国家教育制度和人才培养战略相适应，才能使三者都能得到进一步充分协调的发展。国家、社会、学校等方应好好利用这一结论，实现社会和教育的和谐发展。

## 第二节 思想政治教育制度的伦理价值

### 一、思想政治教育制度的首要价值

思想政治教育制度作为思想政治教育研究的重要范畴，是历史发展过程中特定阶级或组织为了满足思想政治教育实践需求而制定或认可的，旨在调节思想政治教育参与者社会关系结构的规则体系。思想政治教育制度的重要任务就是协调和分配教育主客体之间的权利义务关系。当前，我国对思想政治教育制度的研究还处于起步阶段，许多基础性和本原性的问题都还有待于进一步分析和论证。从制度伦理出发，对思想政治教育制度进行价值审视，探讨思想政治教育制度的伦理属性和价值取向，其主要目的就是要揭示“什么样的思想政治教育制度才是道德的”，或者说“道德的思想政治教育制度应当具备怎样的价值特征”。笔者认为，通过审视思想政治教育制度的伦理价值，不仅可以加深我们对思想政治教育制度的多层次理解，而且能够提升思想政治教育制度运行的“合法性”和有效性。可以说，对思想政治教育制度进行伦理价值的分析极为必要，具有十分重要的开拓意义。

伦理道德作为人们对人性和心灵的永恒追求,存在于一切的人类活动之中。只要是人的意志性活动,伦理道德就无一例外地蕴含其中。制度是由人设计的,不可避免地带有人的伦理印记,而一项制度要想真正获得人们的认可和遵循,就必须符合特定的伦理原则和价值观念。从某种程度上来说,制度就是一定时期的伦理价值观念的固定化和形式化。同样,伦理价值作为一种抽象的意志活动,要想发挥作用,也必须要有制度的依托,其如果缺少了一定的客观承载,伦理价值无疑就只能成为“空中楼阁”。可以说,“制度与道德原本就有亲缘关系,起源上同根同源,内容上相互渗透,功能上相互支撑,特点相同而又义理相通”。正是制度与伦理的这种内在关联,使得相关研究人员对制度的伦理分析有了可能。思想政治教育制度作为制度的一个具体领域,也必然会具有自己特定的伦理价值,而正是由于思想政治教育制度存在特殊的伦理属性,才使得分析思想政治教育制度的伦理价值变得可行。但值得注意的是,虽然制度与道德在某种程度上具有内在的一致性,但它们之间的差异也是显而易见的。一方面,制度与道德的作用方式不同,道德主要是一种非强制性的内在约束,是一种精神性的自律,它的作用发挥主要是靠人们内心的自觉。制度是一种强制性的外在约束,它是自律和他律的结合,以他律为外在表现,以自律与他律的有机统一为内在追求。另一方面,制度与道德的调整范围也不同,道德的调整范围要比制度宽泛得多。制度主要侧重调整人们的外在行为,调整的范围比较有限和具体,而道德不仅要对人们的外在行为进行价值审视,对行为背后的内在动机也要进行价值评价。因此,在对思想政治教育制度进行伦理价值分析时,不仅要看到制度与道德的内在联系,还要把握制度与道德的本质区别。人们只有在承认制度和道德差异本的基础上,才有可能更加深刻地把握思想政治教育制度的伦理内涵。思想政治教育制度包含的伦理价值理念非常丰富,但最基本、最重要的应该是平等、公正和以人为本。

平等一直都是人类社会孜孜以求的价值理念和伦理准则。不管是从“王侯将相宁有种乎”到“等贵贱、均贫富”,还是从斯巴达克斯起义到美国的“南北内战”,人类社会始终都把平等当作自己的价值追求和奋斗方向。这是因为,从最原始的意义上来说,人就是平等的,不应该有三六九等之分和高低贵贱之别,平等是人之所以为人的一种普遍性意义的自然观念。当然,平等作为一个历史的、具体的社会范畴,不同的阶级或者不同的历史时期人们会对平等做出不一样的解读,正如萨托利所说:“追求平等的历程几乎没有终点,平等是使人踏上无尽历程的理想。”笔者认为,要想对平等做出一个被各方都满意的内涵界定无疑是强人所难,但最基本的平等内涵大致应包含以下两个方面的内容:一方面是权利义务的公平分配,另一方面是人格尊严得到同等对待。我们国家要建设社会主义和谐社会,要实现中华民族伟大复兴的中国梦,社会平等一直都是内在的要求。思想政治教育要传播社会主流的思想价值观念,自然也少不了对平等观念的重视。思想政治教育制度作为开展思想政治教育活动的基础保障,本身也应该是崇尚平等的。可见,追求平等是思想政治教育制度的首要价值。

然而,在现实的思想政治教育实践中却总是存在着一种权威意识的倾向。也就是说,一些思想政治教育的施教者认为自己是代表国家或政府意志,往往以权威自居,高高在上,没有把受教育者当作是平等主体看待。在思想政治教育制度框架中,所有参与者都应该是平等的,规则对每个人都具有同样的约束力,违反规则理应受到相应的惩罚,规则只有被共同遵守才能发挥其应有的效用。但在现实的思想政治教育过程中,由于教育主客体之间客观上存在着不平等的现象,使得同样的规则,教育主体可以不去遵守,而教育客体却必须遵守,如许多高职院校规定,教师和学生上课期间均不能接听手机,但现实情况往往是,教师可以在上课期间接听电话,而学生则不能接听。这种权威意识的倾向与思想政治教育制度崇尚平等的伦理诉求是严重背离的,必然会导致出现以下四种不良现象:

一是真理的垄断性。一些思想政治教育者的权威意识太强,把自己看成是权威机构的权威执行人、权威理论的权威宣教者,认为自己就是真理的拥有者。这些真理垄断者的心里根本不会有其他教育主体的存在,也不会承认受教育者独立的主体人格,在他们眼中,往往没有平等意识。二是关系的俯瞰性。思想政治教育者的权威意识引申出来的就是居高临下的教育姿态,施行的是俯瞰式的思想政治教育。他们把教与受的关系看成是上与下的关系、讲与听的关系、控制与受控的关系。在这种俯瞰性的教育关系中,受教育者感受不到平等的教育氛围。三是要求的强制性。如果思想政治教育者习惯以权威自居,动辄以“上级”压人,那么他们的教育要求必然就会出现强制性的倾向。这些教育者会剥夺受教育者在教育活动中的审视权、质疑权和选择权。在这种强制性的教育过程中,受教育者能做的就是服从,平等往往只能是奢望。四是话语的霸权性。思想政治教育中教与受的话语权应该是平等的,但是由于一些思想政治教育者权威意识太强,往往搞话语霸权,搞一言堂、满堂灌,不允许他人发表不同的意见,受教育者在这种不平等的氛围中逐渐变得沉默不语。

思想政治教育制度要追求平等,一项前提性的工作就是要转变教育观念,清除权威意识的影响。然而,这种观念转变不是一朝一夕就能够实现的,它反过来又需要制度规则的保障。思想政治教育制度不但要以文本的形式确认教育主客体间的平等关系,而且还要在思想政治教育制度运行的各个环节中体现平等的伦理诉求。首先,在思想政治教育制度的设计中,要彰显平等意识。相关部门要极力改变原有制度供给的权威垄断格局,充分尊重各层次教育主体表达制度诉求的合法性权利。其次,在思想政治教育制度的实施过程中,要做到一视同仁。无论是施教者还是受教者,在制度面前人人平等,没有例外。再次,在思想政治教育制度的评价中,不能只是少数人说了算,还要考虑大多数人的意见。除了相关的领导机构以外,一项制度的好坏,受教育者是最有发言权的。只有做到了在思想政治教育制度的设计、实施和评价的各个环节中都体现平等,思想政治教育制度才能更容易被人们所认可和遵循。

公正作为一个基本的伦理范畴,主要是指在处理人们的社会关系时能够做到公平和正义,不因偏袒其中的一方而损害另一方应得的利益。郭广银教授认为,公正"是对人们的权利与义务之间、报酬与贡献之间、奖惩与功过之间的相称性关系的确立和认可"。尽管公正的主体可以是个体,也可以是制度,但在现代性的情景中,人们通常都把公正认定为制度的核心价值。作为一个人类千百年来孜孜以求的伦理范畴,公正的理念早已突破原来的领地,走向了社会的方方面面。正如麦考密克所指出的,谁不在争取公正?谁又不受公正问题的影响?政治制度、宗教、科学——特别是伦理学、法理学和政治理论全都关心公正问题。思想政治教育作为一项带有强烈意识形态色彩的社会性活动,自然也不能绕开公正这一问题。

彰显公正应成为思想政治教育制度的核心价值诉求和基本伦理准则,具体可以从以下两个方面来理解:一方面,公正是思想政治教育制度产生和发展的基础。我们知道,思想政治教育的主要任务是通过传播主导意识形态来维持社会稳定,但意识形态传播的整个过程并不总是一帆风顺的,它涉及诸多方面的利益。为了协调各方利益,思想政治教育制度也就应运而生了。人们之所以选择制度这个"第三方"来协调各方利益,其中暗含了一个重要的前提,即制度必须是客观公正的。可以说,思想政治教育制度从诞生的那一刻起就天然地包含了公正的伦理诉求和价值取向。同时,作为思想政治教育活动的规则体系,思想政治教育制度要想正常高效地运转,不能只靠行政命令式的强制性推动,还必须要靠制度本身的价值吸引和价值认同。只有思想政治教育制度本身蕴含的价值观念和道德准则符合人们的需要,并得到人们的认可和遵循,思想政治教育制度才能真正发挥其作用,而要得到教育主客体的价值肯定,思想政治教育制度就必须要做到对所有的教育主客体都一视同仁、客观公正。只有公正的制度,才能真正得到人们的拥护和遵循。可见,公正是思想政治教育制度产生和发展的基础。另一方面,公正也是思想政治教育制度所处社会环境的内在需求。作为整个社会系统中的一个子系统,思想政治教育制度不可避免地要受到社会环境的影响,而公正一直是社会发展的核心伦理追求。早在古希腊时期,亚里士多德就认为,公正是一切德行的总汇,它比星辰更加令人惊奇。党的十八大提出的 24 字社会主义核心价值观里,公正一词也赫然在目。以上这些论述充分说明,公正一直都是人类社会的终极追求,思想政治教育制度作为社会的一个组成部分,自然也要把公正作为自己的伦理诉求。

彰显公正可以说是思想政治教育制度的核心价值,正如罗尔斯所指出的:"公正是社会制度的首要德行,正像真理是思想体系的首要德行一样。"一种思想体系,如果不具有真理性,不管它形式如何精致,都应该被抵制或修正。同样,各种社会制度,如果不能做到公平公正,不管它多么有效,都应该被废除或改变。在实践过程中,思想政治教育制度要彰显公平正义,至少要包括以下两个方面:一方面是保证思想政治教育制度本身的公正,另一方面是保证思想政治教育制度运行的公正。这两个方面是辩证统一的有机整体,缺一不可。只有做到二者的统一,才能使制度变得更加公正。当然,思想政治教育制度要体现公正,并不是一蹴而就的事,它是一个长期、系统的过程,需要我们在以后的制度建设过程中付出更多的努力。

现实社会中的种种问题实质上都是人的问题,人是思想政治教育活动的起因和目的。众所周知,思想政治教育活动的开展对于政治、经济、文化和军事都会产生重要的影响,但是我们也要清醒地认识到,以上这些影响都是通过对人的作用实现的。思想政治教育只有作用于人,才能作用于社会的方方面面。思想政治教育活动始终是活跃在人的现实生活中的,是在人的生活中展示其价值魅力的。思想政治教育一直都是人的需要,而不是物的需要,是通过人影响物的,思想政治教育的过程在某种程度上可以说是人的价值的自我追寻过程。思想政治教育制度作为思想政治教育活动的规则保障,其自身蕴含的价值观念自然也不能缺少对人的关注。虽然思想政治教育制度的直接目的是为了使思想政治教育活动的开展更加合理和高效,但其最终目的还是为了要促进人的自由而全面的发展。可以说,以人为本始终都要成为思想政治教育制度的目的价值,必须贯穿于思想政治教育制度发展的全过程。

然而,在现实的思想政治教育制度中,也存在着一种"目中无人"的现象,即思想政治教育一些制度制定和实施的出发点不完全是为了促进人的发展,而仅仅是为了完成社会的政治任务。在这样的制度背景下,一些思想政治教育者往往不会尊重受教者的主体地位,也不会关心受教者的个人需要,他们关心的只是受教者的责任履行和自己的施教目标。这种极具工具理性的制度安排,将思想政治教育制度以人为本的伦理价值丢弃了。我们现在之所以强调用科学发展观来指导思想政治教育工作,强调科学发展观的核心是以人为本,就是要强调思想政治教育中人的主体性价值。当然,我们除了应有的批判,更应该深刻的反思。当前,思想政治教育中“目中无人”现象的出现并非“一日之寒”,可以说,在人类的思想教育史上,这种“目中无人”的现象始终存在着。

在原始社会,思想教育中只有“天”没有“人”。那时,人刚刚从自然界中分化出来,自然的力量对人来说是不可抗拒的。人们出于对大自然的依赖和崇拜,极力宣扬天命观,以天道约束人心,要人们勿犯天威、遵从天意。那时的思想教育中,只有天没有人,人被淹没在自然崇拜之中。在封建社会,思想教育中只有“权力”没有“人”。那时的思想教育目的是维护皇权,眼中只有政权、族权的神圣性,没有人权的合理性。一方面是宣扬权力的至高无上,导致权力的恶性膨胀;另一方面是人的独立性、主体性被无情剥夺,使得人只能服从,甚至于异化到了“君要臣死,臣不得不死,父要子亡,子不得不亡”的程度。在资本主义社会,思想教育中只有“物”没有“人”。虽然文艺复兴运动大力宣扬人的权利、人的自由和人的解放,但随之而来的却是人的被物化,整个社会以利己主义为基调,物欲横流、金钱至上,人被淹没在利益博弈的海洋之中,沦为利润竞争的工具。在实行社会主义制度的苏联,思想教育中只有“政治”没有“人”。那时的社会基本理念是政治权威至高无上,政治利益决定一切,人的需要服从政治需要,人的利益服从政治利益,人的权利被销蚀在政治权威之中。以上这些对于我们来说,并非都是遥远的记忆。

由此可见,思想政治教育活动要想真正做到以人为本是不可能轻而易举地,必须要考虑到强大的历史惯性的作用。同时,思想政治教育制度作为一种历史性存在,必然也要受到“路径依赖”规律的影响。笔者认为,要想破除传统“目中无人”思维方式的影响不可能是一蹴而就的,必须要有一个长期的、反复的调适过程。在这个过程中,关键的一点就是要转变观念、解放思想,坚持马克思主义的人学立场。马克思在《政治经济学批判》中曾揭示了人的发展的三种形态,他认为:人的发展的第一个阶段,是人对人的依赖,这是生产力在最初形态上的自发趋势;第二个阶段是人对物的依赖,这是以物质条件的普遍发展为基础的;第三个阶段是在第二个阶段的前提下,形成人的全面发展的自由个性。因此,思想政治教育必须要把握住从人对人的依赖,到人对物的依赖,再到人的全面发展的历史必然轨迹和必然趋势,要坚持把促进人的全面发展作为思想政治教育的价值目标。

同时,我们还要将以人为本的价值观念真正落实于思想政治教育制度运行的全过程。思想政治教育观念的更新,必须要以制度来加以保障,必须要把以人为本真正地当成思想政治教育制度的目的价值。如果思想政治教育制度违背了人性的发展需求,那么这种制度本身就不值得尊重,而如果思想政治教育制度推动了人的自由而全面发展,那么,我们实际上肯定的是人的价值而不是制度本身。正如赵汀阳先生所言:“规范的伦理价值永远是相对的,而人性的道德价值才是绝对的。”思想政治教育制度要想真正做到以人为本,要想真正跳出“目中无人”的实践误区,就必须提升教育者和受教育者自身的人文素养,将服务人、发展人的制度理念贯穿于思想政治教育制度运行的全过程。另外,教育者要凸显思想政治教育制度的人文情怀,彰显制度要素中理解人、关心人的人文属性。总之,只有做到了以人为本,思想政治教育制度才能真正得到人们的认同和遵循,进而有效完成思想政治教育的育人目标。

## 二、素质教育体制下高职院校学生管理模式

高职院校学生管理工作是高等教育和管理工作的重要组成部分。目前各类学校的高职院校学生管理一般仍以班主任为主体,学生为管理对象;同时大学期间班干部一任到底的管理模式抑制了大多数学生积极性和主动性的发挥。

1994 年中共中央关于进一步加强改进学校德育工作的若干意见,提出加强素质教育的问题,要求实现从应试教育向素质教育的转轨。全面提高学生的素质是素质教育的根本目的。在应试教育体系下,教学成绩用以评价教师的教学质量,学习成绩用来评价学生的能力,实质是以考试成绩作为检验学校教育教学质量的标准。因此在此模式下,高职院校学生教育只重视学生的文化知识学习,只关注学生分数的高低,只以分数高低作为评价学生的唯一标准,整个高职院校学生管理呈现唯分数论。忽视把班级管理作为教育学生、培养学生各种能力的一项重要资源,忽略学生个性化培养。

采用积极有效的高职院校学生管理模式,大学不仅是学生学习知识、学习文化和开发智力的场所,而且通过让学生参与班级管理与班级活动,积极为学生创造更多锻炼机会,促进全班学生全面素质的提高。

要求学生明确学习目的,端正学习态度,严格遵守学校各种规章制度。以四年下来“一个不掉队”为目标。常提醒毕业所需各种条件,督学预警。同时按照学校要求的“文明课堂八不要”对学生进行严格要求。严格考勤,认真上课,做到不迟到、不早退。认真复习、诚信考试。

对于挂科学生,在全班学生面前共同找原因,这样不仅知道问题所在,其余学生也吸取教训。如有些同学挂科是由于对期中考试不够重视,结果即便期末考及

格,最终成绩也不及格。让全班同学吸取教训,对期中考试应该重视。

对于班级建设,“以提高全班同学未来生活的竞争力为目标”,争取四年内尽量使更多学生参与到班级管理中,得到锻炼。鼓励他们有意识地培养自己的能力,大家注重自身全面素质的提高。在不影响学习的情况下,积极参加学校、班级组织的各种活动。所以大胆尝试新的班级管理模式,每学年换新的学生担任班委,同时有很多学生参加学校及学院的各种社团工作,这样四年大多数学生将参与班级及各种社团的管理。这些经历不仅是资本,还增强学生的自信。无论对同学们找工作,还是以后走上工作岗位都非常有帮助。

思想教育是学生工作的核心,只有在学生思想健康、积极的前提下,才能谈其他的。当代高职院校学生大多是独生子女,性格差异大,且心理比较脆弱、敏感、以自我为中心,所以对学生的思想教育要高度重视,常抓不懈。经常利用班会或单独谈话方式,对学生进行思想品德教育。发现问题、消除现代高职院校学生的一些逆反心理,增强班级凝聚力,以增强班级战斗力。

对于每件事及时总结,吸取教训。同时提醒全班同学引以为鉴,以后遇到类似事情,怎么对待,让同学们吃一堑长一智,逐渐走向成熟。如现在学生爱美,男生女生都减肥。曾有一个男生为了减肥,吃饭不规律导致肠胃发炎。及时给全班同学提醒,要在健康前提下减肥,不能一味节食导致身体虚脱,反而损害健康。

对于宿舍卫生这方面,常到寝室检查卫生。同时采取“班委掌全局、舍长负主责、其他同学积极参与的措施”。要求整理内务、清理宿舍垃圾等,并加大对违章电器的检查力度,营造良好的生活、学习环境。

## 三、汲取和借鉴外国经验

2013 年底,美国联邦教育部就 2014—2018 年的教育发展目标制定了战略规划——《美国联邦教育部战略规划(2014—2018 财年)》。作为国家层面的指导性文件,该规划影响着美国教育发展的走向。为全面透视该规划所描述的美国教育领域的实践图景,本刊特约三位译者编译该文件,以飨读者。本期所刊登的为战略目标五、战略目标六。

《美国联邦教育部战略规划(2014—2018 财年)》战略目标五指出,应该持续完善教育体制,通过更好、更广泛地使用数据,并在其中关注研究、评价、证据、公开、创新、技术等方面,增强教育体制持续发展的能力。

要实现总统提出的 2020 年高职院校学生学业目标需要更完善的体制,并提高决策水平。通过这一战略规划,联邦教育部旨在在国家、各州和地方层面推动形成持续发展的文化氛围。为了实现这一目标,联邦教育部将支持创建综合性数据系统,它不仅能够提供及时、重要和易理解的信息,还能保护学生的隐私;联邦教育部将在各层面的决策中战略性地使用、研究和评估证据;联邦教育部将支持发展创新;联邦教育部将有效且系统性地使用技术。

完善教育体制的基础在于支持数据驱动型决策的发展。利益相关方必须能够及时获得有用的相关数据,而且必须具备理解和使用数据的能力。有了相关数据和使用数据的能力,政策制定者和教育者将能够对州、地区、学校和学生目前的表现做出评价,以便衡量其进展情况,找到差距,更好地满足学生需求,并做出明智的决策。各州正在开发能够得出有效可靠数据的系统,这对于实现上述目标至关重要,但是要做的事情还有很多。联邦教育部将继续帮助各州开发有效的、覆盖全州范围的纵向数据系统,自主设计通用数据标准,提高操作互通性,发展教育机构和人员使用数据提高教学和学习效果的能力。这些活动将有助于形成有关学生表现和其他重要元素的精确描述。同时,联邦教育部将参与“开放数据倡议”(Open Data Initiative),确保信息和数据可以被研究者、分析人员和开发者使用。

当然,收集和使用数据的同时必须考虑责任问题,合理保护学生的隐私。数据管理者和用户必须谨记,数据是对个体的真实描述,必须确保这些人的权利不受侵害。但是,保护学生隐私并不意味着要以牺牲基于数据的决策为代价。联邦教育部将确保数据管理者和用户合理保护学生隐私,并将使用和管理学生数据的情况告知家长和学生。

提升该系统还需要开展研究和评估,这样,国家、各州和地方层面的决策者们才有可靠证据来做出决定。联邦教育部通过向各州、地方和学校提供信息和数据,确认需要采取的有效措施,致力于支持那些有影响力的研究。这些研究有助于有限的资源被投入到最有可能产生重大影响的项目上。为此,联邦教育部将利用有针对性的研究活动激励领域内的利益相关者收集和使用有关数据。此外,联邦教育部将利用已掌握的证据辅助决策和项目开发,并以参与等方式传播研究和评估活动的成果,进一步扩大影响力。

这一战略规划的目标和行动进一步体现了联邦教育部未来工作的关注点——对勇于创新的解决方案的需求,并与其他组织合作支持创新。联邦教育部将继续提供资金鼓励教育创新。联邦教育部还将与国会合作,填补相关研究领域的空白,建立高级别教育研究项目机构,在当前体制下取得突破。

联邦教育部基于21世纪的学习愿景,要求学校具备高速互联网络。各州、地区和学校必须建立起能够应用前沿技术的基础设施,提高课程质量,以达到更加严格的升学及就业准备标准,提高学生的参与度,开发形成性和总结性评价体系,并完善数据管理系统。

联邦教育部将使用一系列指标来评估其在完善美国教育系统方面的成果。通过更科学、更广泛地使用数据,以及研究和评估、创新等方式,增强教育体制持续发展的能力。衡量教育体制是否持续改进的指标如下:增加将 K-12 阶段与早期幼儿数据建立联系的州的数量;增加将 K-12 阶段与高等教育数据、劳动力数据建立联系的州的数量;增加通过"Data. gov"或"ED. gov"网站发布的高价值数据的数量;缩短隐私技术援助中心(Privacy Technical Assistance Center,PTAC)和家庭政策合规办公室(Family Policy Compliance Office,FPCO)处理事件的平均时间;增加教育资源信息中心(Education Resources Information Center)新收录的同行评审的文章资源;增加有效教育策略资料中心(What Works Clearinghouse)数据库收录的经审核的文章数量;提高新的、具有改革导向的补助金奖励比例;提高全国范围内网速至少达到 100 兆位/秒的学校比例。

以上努力可能会受到时间、财政资源不足等限制,而且对于州和地方数据系统的资金支持可能会由于持续的财政压力而减少。此外,数据系统的多样性导致每个地区都遇到了不同的问题。一些地区的数据系统水平可能远远超过地区所在州的数据系统水平。

针对性策略的执行效果取决于评估和研究可获得的资源,但这些资源通常比项目执行所需的资源更难获得。此外,很多支持这一目标的活动会由契约方和接受者来执行。因此,策略执行效果也部分取决于联邦教育部以外的合作机构的研究水平和能力。在分析并利用证据来做决定时,这种能力的差别体现得更为明显。同样地,一些领域的证据比其他领域的更为有力,至少在短期会影响联邦教育部投入资金的总额和分配情况。即使按照最有利于支持项目研究和评估的方式来执行项目,州和地区也面临着很多挑战。通过联邦教育部的技术援助可以解决一些挑战,但也可能产生其他问题。

正如具体目标中第二点"保护学生隐私"所反映的,一个持续存在的挑战就是兼顾提高获得相关信息可能性和保护隐私两个方面。对此,联邦教育部将继续大力保护所有个人信息,并帮助教育机构获得可用信息。联邦教育部在推动利益相关者进行数据驱动型决策的同时,将协助他们开发保护隐私的最佳实践。但是,任何系统都不是完美无缺的,无论其实际风险水平的高低,对于隐私的顾虑都会妨碍利益相关者使用数据。一个潜在的风险是海量的信息可能会使研究者难以发掘数据的深层意义。为了避免这个问题,联邦教育部必须和利益相关者合作,以确定信息的优先顺序,并决定哪些信息最有可能帮助家庭为儿童成长做出选择,帮助教师提高学生学习成绩,使得决策者能够完善教育机构机制建设。

全国各级教育的资金面临着巨大的预算压力,新项目、策略和计划的投资存在风险。在预算减少的时候,技术基础设施建设和其他创新可能比其他任务更为重要。目前,教育创新的投资不像其他领域的投资那样具有吸引力,因而帮助缩小差距的私人资金就非常有限了。因为州、地区和学校计划、执行和支持现代技术网络的能力不同,所以这些技术的影响力也会有所不同。

为了营造可持续发展的文化氛围,教师、领导者和其他利益相关者需要及时获取高质量数据以便了解学生成绩和影响儿童发展的相关因素。在很多情况下,这种数据驱动型决策所需的基础设施尚未建成。尽管各州在数据系统开发方面取得了重大进步,但数据往往仅限于教育系统的某部分,或者没有及时与政策制定者、接受者分享。难以获取信息、时间滞后和数据缺口使得学校和地区难以获取最佳实践,衡量学生进步、提高教学质量也成为颇具难度的任务。即使数据易于获得且被广泛分享,它们在很多情况下也并不用于推动教育性实践或决策。因此,联邦教育部将继续协助各州发展纵向的数据系统,以便在整个教育领域分享贯穿人生各个阶段的关键数据。通过这些系统,中学可以了解有多少学生能够接受高等教育,多少学生需在正式上课前进行补习,多少学生坚持学业并获得了高等教育学位等。

数据只有被使用才具有价值。因此,联邦教育部将就如何理解和合理使用数据为教育界(包括教师和管理者)提供支持。目前,对于如何使用数据来开展教学系统的最佳实践还缺乏相关信息指导。尽管利益相关者具备使用纵向数据提高学生成绩的能力,但这一能力还有待提高。联邦教育部会继续投资于相关研究和技术以提高这一能力。

联邦教育部也致力于提高自身数据资源的可获得性来确保政策分析者、研究者和软件开发者能够获取教育部的大量数据,确保利益相关者和大众了解这些数据的范围和内容,这些主要通过政府领导下的"开放数据倡议"实现。要确保这些创新举措广为传播并产生规模效应,较强的领导力至为关键。

高质量的数据帮助各级教育者更好地满足学生的需求,使家庭和学生获得教育数据从而做出明智的教育选择。恰当地使用教育数据可以让利益相关者调整教育项目,提高教育服务的个性化程度。教育数据的管理者和使用者必须记住要保护信息描述对象的隐私。为了保护学生信息,推动合法合理地使用学生数据,联邦教育部必须确保州、地区、学校在遵守各类隐私法律的同时,采取保护学生隐私的最佳措施。

联邦教育部将在数据管理、透明性等方面提供指导和技术帮助。教育机构和学校必须向家长和学生清楚有效地解释他们的数据是怎样得到使用和保护的。为了鼓励关于学生数据收集、使用和管理的有效沟通,联邦教育部将为州、地区、学校提供有关数据政策透明性最佳实践的技术帮助。

此外,教育部会尊重数据公开和使用过程中的个人隐私,包括以信息公布的形式告知教育项目评估结果。联邦教育部的数据公布也将通过提供有用的、保护隐私的数据来减少各州和地区的负担。

过去10年,联邦教育部已经在这一领域取得了巨大进步,其中包括支持独立的教育评估计划;制定并完善效能研究标准;根据需求,为教育研究长期项目和短期项目提供资金支持;投资于多种研究,包括设计、开发有较大影响的研究等;使用创新模式进行多层次数据融合;推动基于数据的决策。

在未来几年,联邦教育部会在此基础上,继续发展和完善联邦教育部的数据规划流程,使其成为标准的预期机制。通过这个机制,教育部官员可以进行优先需要分析、计划数据分析、技术支援、研究和评估。逐渐地,这一规划过程会符合联邦教育部向国会提交的预算要求和支出计划。

通过授权和内部分析工作,联邦教育部将支持对教育长期、复杂问题的研究和评估以及短期研究和分析,从而满足联邦教育部领导和管理者、政策制定者和实践者的需求。

联邦教育部将使用数据来说明其政策制定和项目发展情况。此外,会激励和支持外部利益相关方使用数据,为政策制定、项目发展及教学实践提供建议。同时,教育部会鼓励资金的受益者积极评估他们的项目,从而为项目的有效性和功能提供更多数据。

联邦教育部将从分析、研究和评估中总结成果,并清楚生动地向更多人介绍这些成果。这就需要重视传统媒体和新兴媒体,并支持和研究实践者是怎样理解和使用教育数据进行研究的。

为了实现总统提出的2020年高职院校学生学业目标,国家的教育体系需要有更多的准高职院校学生从高中毕业,确保他们能够接受高等教育,并支持他们获得学位。然而,上述行动都面临资源方面的限制。当经济部门需要更好、更快地发展时,往往依赖于技术创新。教育部门也不例外,创新的需求和由此带来的益处涉及年级、课程、学生需求等诸多方面。

在21世纪,利用现代技术进步并提供高速互联网的基础设施可以是教育创新的平台。相应地,联邦教育部会继续关注提高学校技术条件和有效使用技术的方式,会继续与国会合作建立新的高级教育研究项目机构,利用定向研究和发展活动追求教学中的技术创新。

技术对于扩大所有学生学习机会有着巨大的潜力。技术可以帮助地区和学校,使教师变得更有效能,以此满足学生需求,帮助他们达到严格的大学和职业准备的标准。技术主导的教学和评估系统对于提高学生的学习水平并生成相关数据是非常关键的,而且这些数据可以用于不断提高各级教育水平。创新的技术必须与创新的教育实践相结合,从而将其潜力最大化,提高所有学生的学习成效。所有学生都应该受益于创新的技术,其中也包括残障学生。领导力对于确保创新得到广泛使用来说至为关键。

2010 年,《国家中长期教育改革和发展规划纲要(2010—2020 年)》提出:大力发展职业教育,增强职业教育吸引力,到 2020 年,形成适应经济发展方式转变和产业结构调整要求、体现终身教育理念、中等和高等职业教育协调发展的现代职业教育体系。职业教育是针对普通教育而言的一种教育类型,它的发展与社会经济的发展有着特殊的密切关系。而实施中高职衔接,促进职业教育协调发展,构建科学、完善的现代职业教育体系,是职业教育可持续发展的基础,也是新时期职业教育改革发展的重要任务。

作为职业教育体系中的两个组成部分,中职教育和高职教育应该是两个相互联系、互为补充的有机整体。但长期以来,由于各种因素的制约,我国的中职和高职却没有形成良性地互动,主要表现在以下几个方面:

1. 衔接目的不明确

部分中、高职院校实施中高职衔接是为了迎合教育部的职业发展规划的需要;部分中、高职院校实施中高职衔接是为了吸引更多的生源报考;或者还有其他各种各样的原因。总之,因为对中高职衔接的目的不明确,导致合作只能流于形式,没有达到培养满足企业所需人才的目的。

现阶段我国中高职衔接的两种主要模式是一贯制和对口招生。五年一贯制模式的优势在于中高职院校之间存在人才培养协议,学校之间在课程设置、实训建设等方面有沟通,可以避免课程内容重复等现象。但毕竟中职升入高职的学生数量有限,而且理论基础相对薄弱,导致高职院校必须对这部分中职来源的学生和高考考入的学生进行分班教学,加大了办学成本。对口升学模式是中职毕业生根据自己的志愿自由报考,参加高职院校的单招考试。但由于之前缺乏中高职人才培养上的沟通,存在着课程设置、教学内容、实训环节、教学方法重复等现象,影响了人才培养的效果。而且对口升学招生指标限定在 5%以内,这样的政策导致了中职学生接受高职教育的机会很少。

新加坡意识到职业教育对加速经济发展、提高人民生活水平和整体素质的重要作用，特别强调发展职业教育。近年来，在新加坡的全民教育中，高等职业教育占有很大的比重，已逐渐占据了整个教育的主体，而且其主体地位已被新加坡社会经济的复兴和快速发展所验证。2013 年 2 月 18 日，我们湖北省高职院校的青年教师一行 22 人来到新加坡义安理工学院学习，对当地的教育体制及高职教育的发展有了较深入的了解。

为使高职教育与企业实际需求实现无缝对接，新加坡专业与技术教育理事会主席一直以来是由贸易与工业部长担任。国家充分发挥政府的主导作用，根据经济环境的变化，适时地对高职教育体制进行改革，并对高职教育发展的远景、各阶段的目标、策略和方案等都做了详细规划，实现了高职教育的整体、有序发展。并且，为保障高职教育的顺利发展，国家投入了大量的资金作为支持。新加坡对教育的投入仅次于国防，居国家预算的第二位。通过参观我们发现，由于经费充足，理工学院各种教学和实训设施基本能实现与企业的同步更新，因此，职业教育培养的学生能真正满足企业需要。

新加坡教育制度颇为复杂，同时吸收了东西方文化的精华，采用灵活的教学方法使学生的潜能得到培养和发展。新加坡教育一般可分三至四个阶段。自 2003 年以来，六年小学教育对国民是强制性的，再修完 4~5 年的中学课程，可选读理工学院（3~5 年），或初院或高中（2~3 年），其后半数能升上大学。中学毕业后想修读非学术型的课程教育（Post-Secondary）有两种选择：理工学院（Polytechnic，类似我国的高职）以及工艺教育学院（Institute of Technical Education，类似我国的中职）。理工学院和工艺教育学院不设学位课程，因此，学生在毕业后将得到没有学位的文凭：理工学院毕业生将得文凭（Diploma），而工艺教育学院将得工艺教育证书（ITE Certificate），然后就进入就业市场。而在理工学院成绩优异的学生，可在新加坡三所大学里继续修读学士学位；在工艺教育学院成绩优异的学生，可升上理工学院。从小学开始，新加坡就实行了分流制度，其目的是为了因材施教，更积极、更有针对性地帮助学习能力较差的学生，最终目的是把每一个学生的智力或潜能充分开发出来。可见，新加坡的教育体制有利于每个学生循序渐进地发展自己独特的天赋和兴趣。因为，新加坡珍惜每一个人力资源的开发，认为每一个学生都很重要。

为培养学生全面素质，义安学院要求各专业为学生安排 25%~30%的跨专业领域课程。其中包括占课时总量 15%的通识教育课程，如《沟通技巧》《运动健康》

《商业》《艺术与人文》《科学与科技等课程》,以及 10%~15%的专业选修课。另外,为了使学生得到全面发展,新加坡教育部强制性规定所有小学、初中生必须参加 CCA,所谓 CCA,是英语 Co-Curricular Activities 的缩写,翻译成中文就是“课外辅助课程”,类似于中国学校的拓展选修课一样。

一方面,理工学院在招聘教师时,不唯学历、职称,着重工作能力、企业背景与实践经历,注重引进业界精英来从事高职教育。义安理工学院中 80%的教师都曾是企业的技术或管理骨干,到学校工作后仍然以多种形式与相关企业保持着密切的关系,不仅能按照企业需要培养学生,而且能为学生提供实践和实习的机会。另一方面,新加坡教育部十分注重教师的在职培训,规定教师每年必须完成 100 个小时的培训,并给予 300 新币的津贴资助。教师们可以根据工作需要和个人兴趣爱好,选择培训课程。

中职教育和高职教育培养的都是职业技术能力,但是因为中、高职生源在年龄、接受能力等方面存在较大的差距,因此应有不同的培养目标定位。中职教育作为高中阶段教育的重要组成部分,应着重培养基层的具有扎实技术的技能能手;高职教育作为高等教育的重要组成部分,应重点培养具有一定理论指导能力又有动手能力的高素质技能型人才。在定位中、高职人才培养目标时要相互兼顾、相互协调。

伯顿 · R. 克拉克著的《高等教育系统——学术组织的跨国研究》一书中曾说过:“如果一个选择,并不意味着进入死胡同,那么很注意机会平等的人就比较能够接受等级差异。如果有第二次和第三次的选择机会,有从一个层次调入另一个层次以及从一个学校调入另一个学校的可能性,令人不愉快的事情就会减少。”因此,应尽量避免“一考定终生”的情况发生,给学生提供更多的提升机会,使每一个学生的才华都能得到发挥。另外,由于中职着重培养的是实际操作能力,因此升入高职的考核方式可以采取实践考查,并参考学生在中职学习时核心专业课程的平时成绩。

实质性的校企合作包括两个方面。一方面是由企业和学校合作,按照不同层次岗位的需要来设置中、高职的专业课程内容,避免重复,使学生学到的知识和技能更具有针对性。并且由企业提供相关岗位的实习机会,使学生毕业后能做到无缝对接,以降低企业的岗前培训成本,实现双赢。另一方面,吸收企业对应岗位中具有教学能力的“能工巧匠”到中、高职院校进行实训教学或讲座,向学生传授企业最实用的技能。同时,为中、高职的教师提供到企业学习的机会,使教师们在教学过程中能更多地将理论与实际联系起来,提高教学效果。

新加坡高职教育的这些经验和做法，虽然与新加坡国情和其经济发展阶段密切相关，但也反映出高职教育的一些规律和发展方向，体现了高职教育的特质，它的成功经验与鲜明特色给人以深刻的印象和多方面的启示，还有很多方面值得我们学习和借鉴。

经济全球化的不断推进促进了世界各国在文化、教育与经济等方面的沟通交流，并且学术领域的互动更加频繁。菲律宾的教育事业较为发达，在教育方面也投入了大量精力。中国与菲律宾在文化、语言以及宗教方面存在较大的差异，也加强了多个领域的交流与互动。

菲律宾在很长一段时间内均由西班牙统治，而后又成为美国的殖民地，因此其政治、经济、文化等均有着西方社会的烙印。菲律宾十分注重教育事业，全国范围内的文盲率很低，国民识字率较高，并且高职院校学生在全国学生总量中占有很大的比例。根据相关机构的测评结果，在亚洲教育质量排名中，我国大陆排名第五，而菲律宾排名第九。虽然两国在教育体制与教育发展状况方面存在较大差异，但依然有值得借鉴的地方。

菲律宾的具体教育体制为：小学设定为学制六年；中学设定为学制四年；大学设定为学制三至四年；中职技术院校的学制为二至四年。同时菲律宾的高等教育不规定学生的学习年限，可以为几个月，也可以长达几年。对于高等教育中学习年限低于两年的，一般只给学生颁发毕业证。而学习年限超过两年的，根据学习时间长短授予不同的学位，如学士、硕士等。对于医药学类的专业，一般设定学制为六至十年，学生毕业后授予博士学位。与我国不同的是，菲律宾在中学阶段不分初中与高中，并且与美国将中学分为六年与四年两种有所区别。

我国长期以来一直借鉴苏联的教育模式，在教学过程中注重以教师、教材为中心。课堂教学中更加强调教师的主导性，并突出教材在知识传授方面的权威性。我国的具体教育体制为：(1)初等教育。招收6~7岁的儿童入学，并由成人初等学校与普通小学为学生提供初等教育，设置学制为5~6年。成人初等教育主要学习内容为数学与语文，目的在于扫盲。(2)中等教育。由普通中学为学生提供中等教育，学制设置为初中三年，高中三年。学生在初中毕业后，可以选择进入普通高中完成高中学业，也可以选择就读职业技术学校，学制为2~3年。(3)高等教育。我国的高等教育分为专科、本科与研究生教育三类。专科的学制设定为2~3年，本科一般为4~5年，研究生学制为2~3年，博士研究生学制设定为3~4年。我国现有普通高职院校一千多所，学生高中毕业后经过高等院校统一考试，可以选择进入心仪的高职院校就读。

菲律宾在教育纲要中明确规定将知识传授与培养学生的动手能力结合起来，并且倡导知识的活学活用，在教学过程中更加倡导对学生实践能力的培养。同时菲律宾教师在教学过程中会预留给学生充足的时间，让学生自由讨论或自学。菲律宾一直采用英语教学，并注重提高学生的外语水平。为了在教学中拓展学生的视野，教师一般会在教学过程中配备图片、视频等，并且会定期安排学生参与教学实践与旅游等活动。而我国当前在教育模式方面还没有统一的标准，且大部分家长将提高学生的成绩作为主要目标，这样导致很多学生对学习产生厌烦情绪。相对而言，我国的教育更加注重"教材"，学生在应试教育模式下能够轻松完成试卷，但是实践能力欠佳。同时由于家长与学校给予学生很大的压力，或者教师过于看重升学率，这就导致学生学习的知识量很大，但能够灵活应用的很少。

中国与菲律宾的生活习惯、地理位置等不同，这也影响到本国的教育投入与师资建设。菲律宾在小学阶段同一门课程均由一名教师授课，而在中学阶段开始分科，不同的课程由不同的教师任教，并且每一个年级换一位教师。而在菲律宾经济欠发达的农村地区，往往整个年级的课程均由一个教师任教。在师资建设方面菲律宾设置了综合性的大学，进而培养师范类人才，而教育学院则主要从事研究生教学或者作为教师进修的场所。菲律宾没有强制性的教育培训制度，每一位教师可以根据自身的情况自主选择是否进修。我国主要是设置专门的教育学院培养师范类人才，并由教育学院的教师对在职教师进行定期培训。同时我国会每年安排职称评定以及考核等工作，并且有强制性的进修活动。

中国与菲律宾在教育背景方面存在较大差异。我国长期以来十分重视家庭教育，并且大部分家长有望子成龙的愿望，这与我国就业形势严峻、人口众多有一定的关系。而菲律宾在家庭教育方面更加务实，更加注重培养孩子的兴趣，若孩子对书本知识不感兴趣，则会建议孩子就读职业院校，或者进行各种技术培训。

教育体制改革是一个长期的过程，需要在实践中不断总结与改进。通过分析我国与菲律宾教育体制的差异以及原因，可以为我国的教育体制改革提供参考，而关于两国教育方面的深层次问题还需进行进一步探究。

高等教育的体制完善与否，直接影响了一个国家的高等教育发展的高度。现今中国的高等教育体制正在经历着改革与调整，正面临着机遇和挑战。本文将通过对中日两国高等教育体制的现状、特点等进行分析与比较，就如何吸收及借鉴国外的高等教育管理经验和体制提出设想。

高等教育体制现状特点启示我国的高等教育体制的改革至今，已经经历了多次成功的尝试，在各个方面都已经有了很大的提高和重大的调整。在21世纪的今天，一个国家若要在竞争如此激烈的国际大环境之中高速的发展、立于不败之地，那么这个国家的高等教育事业的发展与完善就是非常必要的，其中高等教育体制方面的完善更是重中之重，是促进高职院校教育事业更加快速、完善发展的可或缺的一部分。如何能够结合中国的实际国情，吸收并借鉴他国高职院校教育体制方面的管理与方法，把中国的高职院校教育体制办好，这是一个不论现在还是将来都很重要的一个课题。

首先，从我国高等教育主要的办学体制来说，现在基本已经形成了一个以政府办学为主体，共同发展公办学校、民办学校的大格局。“积极地鼓励和加大支持社会各界力量以多种形式办学”这一教育体制的改革，在1999年《中共中央国务院关于深化教育改革全面推进素质教育的决定》中全面提出，我国在十一届三中全会之前的高等教育体制相比较，可以看出，我国的高等教育体制正向着多种形式办学的道路上大踏步前进。

其次，从高等教育学科建设体制上来说，中国的高等教育体制中学科的设置是十分细化的，正是“术业有专攻”的典型。但是“过犹不及”，学科设置的过分细化并不利于学科之间应有的交叉、渗透，阻碍了知识的互通性，学生的知识面的扩展也受到了限制。面对这样的现状与特点，高职院校教育体制在学科建设方面不得不进行调整和较大动作的改革，将高职院校专业设置中的一些分支过细的专业合并，或是将一些专业学科的界限淡化，使之成为交叉学科，更有利于进行学科之间的互通，使学生能够获得更多其他学科中的知识，拓展知识面。

再次，从我国高职院校教育的考试体制来说，目前仍旧是全国高职学校统一招生考试，这样的考试制度并不利于学生培养竞争意识和自由个性的发展，这种体制之中有着中国传统文化根深蒂固的影响，在短期内是难以改变的。尽管在一定的时期内，我国的一些教育体制依旧会保留，但我国高职院校教育体制的调整与改革正在逐渐与国际进行接轨。如国内的很多大学进行合并，或是高职院校之间进行联合办学以达到扩大大学的规模、增强大学的办学实力的目标，建设能够培养能力更强的学生的综合性大学。

从日本高等教育主要的办学体制来看，日本的大学也包括国立的和私立的两种大学，也就是说，国立大学也是有日本政府所参与的高等教育办学体制之一，虽然在日本也拥有着一批办学质量很高的政府参与办学的国立大学，但是在日本承担更大部分高等教育的主导力量并不是这些国立大学，而是国家十分支持并鼓励的私立大学。日本国民的高等教育大众化的主要任务正是由这些大学完成的，与中国的不同之处是，要在日本设立私立大学是十分容易的，所以日本私立大学也为数众多,根据2001年的数据统计,当年日本的高职院校在校四年制的高职院校学生的比例占所有大学的百分之七十三,所以,在日本,私立大学为主体的高等教育办学体制对其国民的教育事业起着至关重要的作用。

从日本高职院校教育学科设置体制来看,课程的安排是由必修课和选修课构成,但是学生都可以完全根据自己的兴趣和爱好来进行选修课和必修课的选课,这种形式最大限度上提高了学生的对所学课程的兴趣与学习效率。学生选择课程的自由度非常高,是一种开放式的自由选择。这种体制无疑给学生提供了更多的自由的时间到社会上实践、学习其他在学校的书本上学不到的东西。这种体制下的课程与授课时间看来好似松散无序,实际上却真正地体现了以"学生为本"的高职院校教育理念。

日本高职院校教育考试体制与我们的全国高职院校统一招生考试的体制完全不同。相对于我国升入大学考试进行高考的学生的一考定"乾坤",在日本,这种每年一月份进行的全国统一的考试成绩并不是学生最终考取大学的依照,只不过是作为各个大学录取学生的参考,最后作为大学录取学生的考试是在每年二、三月份各所高职院校自主组织的招生考试,大学将按照此次学生考取成绩录取。

自改革开放以来,我国已在高等教育体制改革方面取得了很大的进展,中国的教育事业较之以前更是有了飞速的发展,然而同日本这样的教育强国比较而言,依旧有很大的调整空间与改革的必要,日本在高职院校教育体制方面积累了丰富的经验值得中国借鉴。经济全球化的进程在当代世界已经成为一种大的趋势,文化教育等方面的交流更是没有国界、不可分割,更好的、更有效率的高职院校教育体制的调整、改革与创新更应该是世界各国的共同目标。所以我国更应该借鉴国外更加完善的高等教育体制来完善自身体制的建设。正如虽然现在我国鼓励和支持民办大学的发展,但是实际上,我国的公办大学的地位要远远地超过私立大学,这就在一定程度上阻碍了本可以承担高等教育大众化重要任务的私立大学的进一步的、快速的发展。公办大学由于政府的参与、干预较多,就使得中国的公办大学严重缺乏办学的自主权,于是导致了高职院校发展受到制约。与日本高职学校办学的体制相比较,我国在办学体制上还存在缺陷,在这一点上,我们可以借鉴日本办学体制更完善的一面,加大社会各界对高职院校办学的支持、参与,加大我国对民办大学的支持力度,给予更好的经济以及政策支持,给私立大学的发展营造出一个更适于其发展的空间。在分析、研究与借鉴日本这个教育强国的经验的同时,我们应该更加认真讨论和总结关于高职院校教育体制的改革与完善,开辟出属于我们自己的、具有中国特色的教育强国之路。

# 第五章　切实加强高职院校学生思想政治教育体制机制研究

## 第一节　体制机制完善的对策

### 一、机制创新

《中共中央国务院关于进一步加强和改进高职院校学生思想政治教育的意见》中提出“全员育人”是思想政治教育工作的途径，西安培华学院虽然重视推开“全员育人”格局。但是当前问题比较突出，全员育人的平台建设匮乏，长期有效的机制体制没有形成，从而无法形成比较稳定的氛围。

目前实施的是“小学工”模式，学生的党建、团建等由学校党委直接负责，学生处、思政教学补、科研部、招生办、就业与实训指导中心等作为学校层面的独立部门由行政直接领导，虽然效率高，但存在很多问题，各思想政治教育工作部门独立制定工作计划，各个部门没有协调合作，不能保证共同推荐德育工作的顺利进行。各个部门相互独立、各自为营，没有深入分工、深化合作，建立全校统一的思想政治教育工作体系。

目前还是辅导员存在结构不合理，没有形成稳定的人员队伍，人才流失比较高等问题，致使这支队伍负担沉重，辅导员没有较多时间进行思想政治的学术研究，不能有效探索科学的管理学生的办法，从而对于思想政治教育工作的开展非常不利。

由于思想政治教育向来被看作是一项软约束的工作，学校领导和思想政治教育工作部门实际上难以制定切实可行的发展规划，导致思想政治工作不能有计划执行。目前来看，思想政治教育评估工作处在起步阶段。高层领导重视的是思想政治教育工作的战略与规划，而各个二级学院更加注重的是执行性工作，两者不能有效贯穿，从而导致学生层面落实的思想政治教育工作效果不明显。

高职院校学生思想政治教育委员会应当由党委书记、分管副校长、学生处处长、思政教学科研部主任、教务处处长、招生办主任、就业与实训指导中心主任、团委书记、各二级学院院长以及分管学生思想政治教育、学生管理、心理健康教育、职业发展教育的二级学院副院长组成。成立专门委员会的目的是增强研究学生事务相关工作,包括学生管理的核心思想、高职院校学生就业政策等,为高职院校学生思想政治教育工作执行发展规划和具体的落实方案,不断推进整体思政教育开展。

高职院校学生思想政治教育研究室是协助学校进行正确决策的辅助性机构,在学生处设立一个高职院校学生思想政治研究室,为学校从经验决策到科学决策提供理论支持;为学校思想政治教育工作者提供学习和理论交流的平台,有效促进辅导员向素质教师的转化;为学校思想政治教育的宣传提供窗口。

素质教育是当代高职院校学生思想政治教育的核心内容,是时代发展的新潮流。根据人和社会发展的实际需要,注重提升学生的素质,开发学生的学习积极性,培养主人翁精神。

全面做好辅导员等学生管理干部的建设工作,重视干部队伍建设。

①思想教育工作应该建立在丰裕的物质基础上,通过一定的资金投入完善思想政治教育队伍激励和保障机制,在学科建设、职务聘任、经费、设施、评优等方面给予具体的物质鼓励,以充分调动广大思想政治教育工作者的积极性。

②理顺思路,全面推动辅导员思想文化素质的提升。辅导员在高职院校中角色重要,既是学生工作的管理者,同时也是教师教学工作顺利进行的保证者,兼具双重身份,理顺辅导员角色,完善培养制度,提供发展平台,加强辅导员向素质教师的转化工作。

③完善队选聘标准、队伍管理机制、培训计划、考核标准等制度,为辅导员工作规范化、制度化、科学化奠定基础。

建立沟通机制,思想政治教育工作者应该善于与自身工作系统内部沟通,善于理解各类文件内涵,还能在内部左右协调,有效传达思想,个人目标和学校目标一致。改善外部沟通,加强与兄弟院校及社会各方面工作沟通整合。

切实发挥各类教师的育人功能。广大教师提升自身思想境界,塑造优良的品质,拥有伟大的人格,通过言行感染学生,引导学生在生活中注重品德建设。教师注重深入发掘思想政治教育资源,把教学内容科学性和思想性结合起来,在传授专业知识时加强思想政治教育。

## 二、落实教育体制改革加强高职院校干部队伍管理

落实教育体制改革,加强高职院校的干部队伍管理和监督是新时期高职院校党建工作的重要内容。但是当前的高职院校干部队伍管理中普遍存在着一些问题

和现象,已经对高职院校的教育事业发展产生了消极影响。为此加强高职院校干部队伍管理是一项重要的工作。

当前高职院校干部选拔中“走后门”和“人情”现象十分严重,而且干部的选拔大多是由单位直接任命或者是提升即可,造成了高职院校中的干部职位“虚化”,在其位却不能真正胜任这份工作,高职院校管理部门出现人员冗多局面。另外有些职位的任命并没有经过公开选拔,忽视了党组织对高职院校干部考核和选拔的必要性。坚持党管干部进行组织工作是一项重要的基本原则,能够在民主集中的基础之上管理和监督干部。

一方面高职院校错误地将管理工作当作是一般性的事务看待,对高职院校的管理工作和管理干部缺少足够的重视。为此许多高职院校的管理干部有一部分是直接留校的学生,有一部分是专业技术岗位转岗的人员,更有甚者是高职院校引进人才的随调家属。他们并没有完全系统地接受过管理方面的教育,管理知识不够。另外高职院校对干部的培训工作和规划工作不完善,管理人员缺少培训和进修的机会,导致高职院校管理队伍的整体素质不高。

另一方面高职院校干部队伍的岗位责任意识不强,主要体现在:处级干部大多直接参与学校及院和系的领导工作,他们对于学校的教学和科研甚至是利益分配方面享有一定的权利,为此很多干部对这一岗位竞相追逐。导致了处级岗位干部较多,但是他们一边要参与管理,另一边又要忙于科研和教学,两种性质的工作很容易发生冲突,极易因为力不从心而导致对学校的管理工作处于被动的应付状态。而处于科级及其以下的管理干部工作在第一线,工作内容烦琐而繁重,有的时候虽然不是自己的本职工作,但是为了讨好上级也会接触不属于自己专业性质的工作。而且科级及其以下的管理干部的提升问题是一重大难题,竞争力相对较弱,感觉升职无望,长时间积累下来岗位责任意识较差,最终造成高职院校的行政管理工作效率不高。

一方面在党员干部和管理工作中滋生了形形色色的官僚主义,他们一般不愿意通过调查深入了解校内的情况,及时处理问题,而是愿意听汇报,愿意解决一些不痛不痒的问题。在管理工作中的态度也有着严重的骄傲和自负的情绪,注重个人的威信,不接受任何人的批评和监督。

其他主要体现在思想作风、工作作风和生活作风三个方面。其中思想作风中有的中层干部一心想着当“老好人”,八面玲珑,表面一团和气,实则多种面孔,各种意见都迎合,是非不分。在工作作风方面中层干部“跑粗”,本职工作中常常是“大概”“差不多”,很会顺水推舟,工作效率不高。生活作风上有些中层管理干部喜欢奢侈和铺张浪费,时常搞排场,给群众带来不好的影响。

目前的高职院校干部队伍中有一大批的人每天的工作基本上就是听报告、学文件和念报纸等,这种工作模式每天都在上演,高职院校干部人员的工作环境枯燥乏味,缺少创新和趣味性,整体的竞争实力不强。干部的监督工作也是有待改善,彼此之间没有监督,扰乱了学校的社会管理秩序。比如中级领导层的干部无论是工作中还是生活中都缺少了监督,那么在思想和工作上就很容易犯错误。党员接受监督,干部也要接受监督,只有接受监督才能在思想和工作上形成自我警示,中层干部的素质才会得到提高。

"党要管党"应该包括两方面,一方面是党要管党员,另一方面是党要管干部。我国实行执政党的制度,为此加强对党员和干部的管理很重要,而干部又在其中数量较多,存在的问题也较多,为此党管干部十分有必要。

党管干部是本着民主集中的原则,按照党的路线和要求对干部进行选拔、使用和监督。体现了我国坚持党的领导的路线和方针。以往存在着错误的观念,认为党只要管好党就可以了,为此许多干部都是经过单位或者部门直接选人,长时间积累下来在干部管理中产生了很多问题。

坚持党管干部的原则一方面在选拔和考核干部时要坚持党的各项政策和方针,选拔德才兼备的干部;另一方面要坚持党基层负责向各部门推荐干部,并且要做好各项调查和推荐工作。最后坚持党对干部的教育管理工作,能够提高干部的思想政治觉悟和文化水平。

由于中层的干部岗位职责不尽相同,要想最大限度地调动干部工作的积极性和创造性,就必须完善干部和考核制度,引导干部积极地工作。建立和完善干部考核制度不仅要全面和严格,而且要做到公正和合理。比如对干部的德、勤和绩等要进行全方位考核,从而很好地规避了人情的出现,一些干部的选拔和考核都要以工作业绩为主,辅以必要的群众基础。传统的干部考核评比论资排辈,只要有足够的教学和管理的年限,就可升职,并没有很好地调动广大教职工工作积极性。高职院校干部管理应该做到奖罚分明,有奖有罚,不搞平均主义和"大锅饭",这样才能调动干部管理层和群众的积极性和创造性。

而对干部实行岗位责任制度,分工明确,才能做到团结协作和奖罚分明。实行岗位责任制,将责、权和利结合起来,激发干部的积极性和创造性,有效实现干部的成长与发展。

克服官僚主义。目前在国家机关的许多工作人员中都在慢慢滋生出一种官僚主义,一方面表现为不愿意深入基层和深入群众,面临需要为群众解决的问题时也是特别敷衍和消极。更多注重自己的个人作用和威风,不接受任何人的批评和监督。另一方面则表现为命令主义。做任何决议都不与群众进行商量,执行决议也是采取命令的口气,这是一种严重背离群众路线的做法。综上,官僚主义对于高职院校干部管理和监督有着极坏的影响,只有从根本上改变用人机制和制度,引入竞争机制,高职院校干部队伍建设才能够更加合理科学化,提高工作效率。

改变工作作风。作风属于人们在长期的工作和学习中表现出的一种风格,这种风格好比一种无形的号召和精神力量,能够推动人们的工作和学习向着更理想和光明的方向发展。在思想作风上,第一,无论是做事还是做人都应该有原则和分清是非。工作中更是应该做到光明磊落、公正无私和心术纯正。只有这样才能使学校的管理队伍更加深入人心。第二,不仅学会批评自己,更要敢于批评别人。对自己的工作时刻进行自我批评和监督,对别人的缺点敢于公正客观的评价;第三,高职院校的管理层干部应该是平易近人和以诚相待的,只有这样在学习和工作中才能赢得师生的配合。第四,高职院校的管理层干部要不断学习,汲取新知识,与时俱进。如果一味地思想僵化,相信很快就会被社会淘汰。在工作作风方面一方面要对本职工作进行细化和周密的思考,根据学校的中心工作和本部门的实际情况精心设计新学期的教学任务,从而使学校整个系统处于紧张而忙碌的状态;另一方面要从实际出发,真正做到使自己的本职工作对学校的管理发挥真正的作用。在生活作风上严格要求自己,“无欲无求”,一切都将群众的利益放在首位,为群众做好表率先锋。

加强对干部的教育和管理就必须以改革作为研究核心,研究新问题和新方法,创造新经验和新办法,使干部的工作内容更加具有针对性、灵活性和丰富性。改变传统的中层干部每天就是听报告和念报纸的工作性质,使干部的工作生活更加丰富和灵活。比如开展创先争优和先进典型活动,在干部之间形成良性竞争,提高干部工作的积极性和主动性。

加强对干部的管理还应该体现在提高干部的素质上,提高中层干部的素质是加强干部队伍建设的一项重要内容,往更深层次讲关系到学校的成长与发展。首先加强干部队伍的思想道德修养和政治素质是基础;其次加强干部的作风修养,在工作中真正做到以公道服人,不负群众的信赖。最后应该不断努力学习,提高自身的业务素质。改变传统的管理理念和模式,与时俱进,提高干部的工作效率和创新性。

扩大民主生活是指管理部门作为管理学校的一把手应该善于听取群众的意见,让群众将自己的想法充分表达出来。只有做到让群众真正地参与到民主决策中，即使工作中出现了任何问题，群众也是能够理解和宽容的。相反假如只是一味地实行专制，忽略群众的意见，那么一旦出现问题就会引发群众的强烈不满，同时也不利于构建学校和谐宽松的环境。

我国高职院校教育体制改革的主要内容是改革人才培养模式，提高高等教育人才培养的质量；改革高等教育的管理方式，建设现代大学制度；适应经济社会发展的需要，改革高职学校办学模式。为此为了落实教育体制改革，加强高职院校干部队伍管理具有关键性的作用。假如学校的干部管理层人员只是一味地追求自身的利益，完全忽略群众的利益；一味地思想僵化、忽略创新；一味地“高高在上”，忽视听取群众的意见，那么最终是会犯错误的。要坚持党管干部原则，克服官僚主义，改变工作作风，加强干部监督机制，形成一种和谐并充满文化气息的校园环境。

## 三、教育体制改革思想

教育体制改革思想是将马克思主义关于教育的原理与中国特色社会主义实践相结合，在总结历史经验教育的基础上，针对原有教育体制的弊端，并结合中国现代化建设的需要，而形成的体系完备的具有中国特色的社会主义教育体制改革思想，对中国当代教育体制改革产生了深远影响。

邓小平同志为使教育更好地服务于社会主义现代化建设，早在 1978 年就正确地指出了教育事业与经济发展的内在联系，提出了“教育事业必须同国民经济发展要求相适应”这一教育体制改革的根本目标和指导思想。为了实现这一目标，其在教育发展规划的制定、教育方法和教育结构改革等方面提出了具体办法，对于解决旧体制中教育发展与经济建设不协调的状况起到了重要作用。

历史唯物主义认为，经济是起决定作用的，所以从根本上说，教育水平和质量的提高程度，有赖于经济所提供的物质条件。而教育作为科技转化为生产力的重要途径，对于经济又具有反作用力，经济持续发展要依靠劳动者素质的不断提升。因此教育体制改革首先要以经济发展为目标，教育计划的制定必须以经济为基础，并且充分考虑到生产力的发展现状和未来科技的发展趋势，否则教育事业一定会碰壁。这方面我们有深刻教训，1958 年经济上搞冒进，要求教育大干快上，不顾经济基础，导致教育发展严重滞后。邓小平同志在总结历史经验教训的基础上，明确提出国民经济计划必须要将教育计划纳入进来，加大对教育的投资力度，在学科比例、专业设置、教材改革等改革过程中充分考虑到劳动就业的需要，实现教育与生产劳动的完美结合，从而提高受教育者的思想文化素质和实际操作等能力，为经济的发展打下坚实的基础。

为建立与经济发展相适应的教育体制,邓小平同在对教育计划以及教育与劳动相结合上提出要求的同时,还指出要调整教育结构与经济结构相一致。在教育体制改革前,我国基础教育薄弱,中等职业技术教育滞后,高职学校内部学科结构不合理,导致人才培养比例严重失衡,制约了经济的持续发展。

为了提升国民素质,培养合格的建设者和接班人,国家有必要根据政治、经济、文化和社会的发展需要,对教育进行调控管理。但是在原有的教育管理体制中,国家行政机构对教育管理的过死、管的过多,致使教育机构完全没有办学自主权,丧失了发展活力。为了建立起科学完备的教育管理体制,形成面向社会办学的教育机制,必须妥善处理好中央和地方的关系,明确管理权限,调动起各方积极性来发展教育,使教育能够在动态的经济中实现有序的发展,使国家对人才的需求得到满足,使地方和学校对教育的热情得到满足。

## 四、信息时代对高职院校创业教育的影响

随着信息技术快速发展,高职院校学生就业人数的快速增长,就业压力不断上升的现状下,紧抓互联网+时代背景特征,鼓励当前高职院校学生进行创新创业,成为大众创业、万众创新的一员显得尤为重要。本文通过分析互联网+时代背景下高职院校学生创业困境,因势利导,从而提出相应的对策,以期当前高职院校学生在互联网+背景下取得创业成功,减轻高职院校学生的就业压力。

近些年,随着我国经济发展减慢,高职院校学生就业率低、就业难的问题不断显现,已然成为社会关注的焦点与重点。据 2015 年中国高职院校学生就业调查报告显示,2015 年我国高职院校学生毕业人数高达 749 万,比 2014 年的 727 万人数多出 22 万人,堪称史上最难就业季。严峻的就业压力与形式,促使高职院校在人才培养模式以及促进高职院校学生创业教育要有新的思考。高职院校紧抓“互联网+”紧急形态与机遇,把握当前时代特点,指导高职院校学生用创新带动创业,用创业实现就业,既是每个高职院校就业指导工作老师必须要思考与面对的问题,也是顺应时代的要求。

学者张伟志在《基于互联网+的高职院校学生创业模式研究》一文中指出,互联网+是创新 2.0 推动下互联网发展形势下的新形态。简而言之,就是将互联网与传统各项经济行业相结合,充分利用现代信息化技术与互联网信息平台,推动传统行业经济发展新模式,实现传统经济模式与结构的改造升级。比如淘宝、京东、唯品会等是将传统百货与互联网+的有效结合;支付宝是传统银行与互联网+的产物;滴滴、快的等打车软件是传统交通速运与互联网的产品;饿了吗是传统餐饮与

互联网+结合的产品。当然,互联网+,这一个“+”,不是简单地被解读成“累加”抑或是“叠加”,而是与信息时代相适宜匹配相契合的有效结合。

在大数据、互联网+高速发展的时代下,一方面大量的创业机会不断地被催生,另一方面传统的运营模式、管理模式成功案例不断地被颠覆。在高职院校互联网创业教育模式更新不及时现状下,面对互联网这一新兴行业,高职院校学生在“互联网+”背景下要进行创业,存在一定的困难。主要表现为成功有效的经验比较缺乏,创业资金不足;高职院校互联网教育创业教育资源不足。

充足的创业资金,是成功创业的一把钥匙。通常来说,高职院校学生主要经济来源是父母,经济独立性差,除去学费与基本的生活费外,基本上没有额外的经济收入,难以满足高职院校学生创业启动资金需求。某种程度上,就限制了高职院校学生创业的规模与形式。在创业初期,高职院校学生往往选择的是小规模简单的创业模式。以“互联网+”的新兴行业,是最新产业。因为缺乏一些有效、成功的创业模式、管理经验而难以借鉴学习,面临当前激烈的市场竞争,高职院校学生在所创的规模小、没有成功经验可借鉴的情况下显然是没有竞争优势,因此,往往会导致创业初期的失败,打击其创业积极性。

互联网+时代背景下的创业,需要传统行业与网络科技的有效结合。这种融合需要教师在系统的创业教育中加强互联网创业案例内容分析,用海量的实例让高职院校学生掌握在互联网+时代下创业所需要的互联网技术知识、大数据分析能力、商业管理知识、法律、市场竞争等知识,同时还要注重高职院校学生对技术应用性与综合实践性。然而,鉴于全国众高职院校创业教育情况,主要存在着创业教育课程开设较少,课程体系不完善,内容形式单一,创业教育氛围缺乏。对互联网+创业所需要的知识与技术问题,没有及时地对高职院校学生进行培训与辅导。学生所接受的创业知识主要来自课程或校内外一些竞赛,基本上处于“纸上谈兵”,缺乏实际有效的创业活动进行实战演练。

如上文所说的,资金保障是创业通向成功的一把钥匙。高职院校学生创业资金的匮乏,往往为创业失败埋下了伏笔。为此,学校可以加强资源整合,一方面向政府争取创业扶持政策,如高职院校学生创业助就业基金、高职院校学生创业贷款优惠政策等;另一方面,充分利用当地企业资源,加强与地方企业合作,为高职院校学生谋取创业类奖学金,必要时可以与企业合作,让高职院校学生带薪参加企业暑期见习,不仅为高职院校学生创业提供资金支持与保证,同时加强学生知识与技能,更加全面深入的掌握创业所需的实践技能,而不限于纸上谈兵。

学校是高职院校学生进行学习主阵地,也是人才培养的摇篮。面对高职院校学生创业技能匮乏、教育培训的缺乏,高职院校加强对高职院校学生进行系统性、综合性的创业教育尤其重要。在实际操作层面,学校一方面因势利导,将互联网创业活动纳入高职院校创业教育课程体系。另一方面,通过老师分析互联网创业案例,将互联网+中所需要的互联网技术知识、大数据分析能力、商业管理知识、法律等传授给学生;与此同时,加强高职院校对互联网技术人才的培育,从而使高职院校学生在进行创业时遇到技术问题可以及时有效地解决。

## 第二节 教育体制之教育不公平对思想政治教育的影响

高职院校学生是国家人才培养的主要对象,也是十分宝贵的人才资源。2004年,党中央发表了《中共中央国务院关于进一步加强和改进高职院校学生思想政治教育的意见》,其中明确指出:加强和改进高职院校学生思想政治教育是一项重大而紧迫的战略任务。高职院校学生思想政治素养是其全面发展的重要组成部分,同时,使思想政治教育得到进一步的改进和提升也是教育部促进全面素质教育的工作重点。加强高职院校学生的思想政治教育能够维护学校和社会的稳定,也是构建和谐校园的需要。国际国内形式瞬息万变,改革开放以来,进入新的时期,对于思想政治教育我们迎来了新的机遇,同时,严峻的挑战也摆在我们面前。大量的外来文化以及思想不断向国内渗透。思想决定高度,作为吸收能力较强的高职院校学生群体,守经达权地对待这些丰富多样的价值观念成为他们坚定社会主义理念的重要能力。一些腐朽的错误观念对高职院校学生群体产生了严重的影响。在高职院校学生思想日益开放的同时,一些创新、创业、自主、自强等意识对他们起到了推动作用,不可否认的是,少部分高职院校学生也不同程度地存在政治信仰迷茫、理想信念模糊、价值取向扭曲、诚信意识淡薄、社会责任感缺乏、艰苦奋斗精神淡化、团结协作观念较差、心理素质欠等问题。面对这样的新形势、新挑战,加强对高职院校学生思想政治的教育,适时地摆正他们的思想观念、态度看法,使其明确认识到国家的命运前途以及本身的所承担的社会责任,引领他们积极追求更高水平的目标,坚定社会主义理念成为国家相关部门不容忽视的工作重点。

思想政治教育在新中国建国初期就被定在教育体制之中,其内容大致可分为两个部分,一是思想理论教育有关部门所进行的常规性理论教学;二是学校有关部门开展的日常性思想教育工作。随着不断地发展完善,当代社会,大部分的高等院校都形成了四个级别的体制开展思想政治教育。一般情况下是由学校的党委副书记向学校的学生工作部门传达近期的思想政治教育内容,然后由负责学生工作的部门继续向各个院系传达相关精神,最后各个班级吸收思想政治教育的成果。看似井井有条的体制性传达,其实存在着很大的问题,繁复的传达过程使得思想政治教育的相关信息在无形中损失了很多。除此之外,领导者,即学校负责学生工作的人员,他们的工作的重点在于实施思想政治教育的理念及规划;然而,事务性工作任务的完成才是落实者,即各个院系和班级负责人比较看中的问题。这样一个冗长的体制链条关系就会使思想政治教育的理念和内容在传输的过程中部分丢失,甚至难以到达学生这个主体,因此也严重影响了落实的效果。在学校的运行过程中还没有完全形成思想政治教育的规划机制。一直以来,思想政治教育工作都被错误地认为是一项不具有强制要求的工作,于是就导致负责学生工作的部门感到思想政治教育工作目标的制定较为困难,规划的落实较为复杂。很多高等院校在年度工作要点的总结上,有关此方面的内容往往也都是一笔带过,而没有详细的规划。另外,由于当代大学都实施了分层次管理的模式,有时候也会存在着管理者的调动和变更,由于个人素质和管理理念的差异,在进行思想政治教育的落实中自然而然地存在着工作的侧重点,这些差异会使高职院校学生在接受教育时感到复杂,甚至抵制,严重影响了传播的效果。思想政治教育过程监控和质量评价的机制尚不成熟。教育体制中,对思想政治教育过程的监控以及结果的评价机制有待完善。随着教育立国的理念不断的深入人心,国家的各项政策也不断地给予教育支持,教育部门越来越重视教育的质量问题。思想政治教育作为一项重中之重的工作,由原来的工作任务考评逐渐向质量评价方向转变,一些高等院校还摸索出一套质量评估的指标体系。但是,此项工作仍然处于发展的初级阶段。从过程监控来说,目前,学校的有关部门只能保证思想政治教育工作中事务性的教育工作能够得到有效解决,但是,起到关键性作用的教育性工作进程很难得到有效的保证。另一方面,一套完整的思想政治教育质量评价体系尚未建立,要想实现此项工作由事务性的任务向完整可靠的教育质量评价的转变,还需要付出很多的努力予以完善。学校主抓学生工作的部门要统筹负责包括高职院校学生的思想政治教育工作,要安排专门的工作部门负责高职院校学生思想政治教育,使其得到培养和管理的行政领导和有关部门要高度重视,除此之外还要与党委有关工作部门共同研究抓好思想政治教育,把思想教育工作做到细枝末节,贯穿到高职院校学生培养和管理的全过程,努力形成全员育人、全方位育人、全过程育人的格局。

教育的公平是实现社会公平的一项重要标杆,这根标杆的屹立能够为推动和谐社会的建设做出巨大贡献。教育的不公平也会导致思想政治教育的不平衡现象。根据调查,目前,教育不公平集中表现为教育资源分配不够合理。一些家庭条件好或者是处于较好地理环境中的学生会得到优质的教育资源,然而,一些家庭条件不乐观或是地理环境恶劣的地方则得不到相应的支持。这样则导致那些落后地区的学生上升空间受限,而且这种结果很有可能产生恶性循环,使他们的后代也继续着这种不公平的教育。因此,教育公平的问题得以解决是促进思想政治教育得以提升的有效方法。当代社会,教育体制对思想政治教育的信赖度含有三个因素:一是城乡教育资源分布的不平衡。城市的基础设施齐全,人才比较集中,所以城市的学生能够接收到良好的教育资源,而农村相对薄弱,有些主干课程的开设都难以得到保障,那么,作为提高思想政治素养的教育怎么得以实现?二是国家对教育的投资依然有待提高。随着产业升级的发展,各大高等院校的学习费用也不断地提高,使得很多学生难以承担高额的费用,出现了因费用不足而辍学的现象。而思想政治教育的普及大多出现在大学期间,对于这些上不起大学的学生而言,何谈提高思想政治素质?三是功利化的应试态度让思想政治教育处于不受重视的地位。在全国的大部分高职院校中,思想政治教育几乎都作为一门公共课程进行授课,学校的相关部门轻视、授课老师没有地位。这就导致老师讲课没有热情、不愿意教,学生上课没有兴趣、不愿意学的情况。对于思想政治教育的认同感比较低,那么开展此项课程的效果也就不容乐观了。所以,要想改善思想政治教育信赖度低的局面,首先,一定要冲破原来的传统教育制度。使得教育资源得到平行的分配,加大对落后地区的扶持,尽可能地完善课程设置,让更多的人接触到思想政治教育。其次,继续加大对教育的投入,保证入学教育机会的平等,要尽可能地使教育产业化的问题得以解决,各高职院校教育机会的获得不能以金钱作为衡量的标准。努力做好高职院校学生助学贷款和奖学金分配的问题,让因为高额费用而不能接受高职院校教育的现象降到最低。

# 第六章　高职院校学生思想政治教育体制机制与创新实践

## 第一节　新时期高职院校学生思想政治教育面临的新变化

### 一、合理布局机构，更新教育规范

以中国梦为视角，分析创新高职院校学生思想政治教育研究的必要性，结合新时期高职院校学生思想政治教育工作对象、工作环境变化，试图从观念、体制、机制、实践、人才等五个方面，提出创新高职院校学生思想政治教育的基本途径，希望以此助力中国梦的早日实现。

中国梦的实现，需要中华儿女共同为之奋斗。高职院校学生是国家宝贵的人才资源，是国家未来的希望，加强高职院校学生思想政治教育研究，对促进中国梦的实现有极其重要的作用。从某种意义上说，高职院校学生思想政治教育质量的高低，直接影响党的执政地位是否稳定。“中国梦”加快创新高职院校学生思想政治教育的紧迫感。

近年来，高职院校学生思想政治教育工作在维护意识形态安全，促进高职院校稳定等方面发挥着极其重要的作用。因此，高职院校学生思想政治教育工作始终要从维护政治安定、社会稳定和校园安全的高度，提高对高职院校学生思想政治教育工作长期性、重要性和紧迫性的认识。创新体制机制，增强政治意识、大局意识、责任意识和忧患意识，确保高职院校思想政治教育工作健康、繁荣、有序开展。

随着高职院校学生工作的不断变化，传统的工作模式已经不能完全适应形势需要。高职院校学生工作应率先垂范，及时转变思想观念，勇于创新，增强组织结构各要素的良性互动，培育网上网下、全员参加的新观念。在新的历史条件下，要客观面对新情况，研究新问题，全方位、立体地将高职院校学生工作引向深入。

从经济角度分析，我国在经济体制改革深入进行的过程中，出现了经济成分多样化、利益关系多样化和分配方式多样化，极大地影响了高职院校学生的思想。从政治角度分析，现实思想理论环境的复杂化，使得人们的思想意识不再是单一地接受主旋律的引导，而是有了许多复杂的声音，高职院校学生生活在这样的思想理论环境里，独立判断的能力得到了锻炼，但思想导向却遇到了多向性的难题，各种思潮和观念不断冲击着高职院校这个原本单纯的净土。随着互联网的普及，各种真假难辨的信息迅速在广大的学生中间传播，冲击着主流价值观。网络使得高职院校学生价值观日益复杂化和多元化。高职院校学生是具有浓厚个性化色彩、显著叛逆性特征的群体，价值观的日益复杂化和多元化冲击了高职院校思想政治教育工作。

随着高职院校招生规模的扩大，高职院校学生数量急剧增加，高职院校思想政治教育工作压力增大。大部分高职院校教室流动上课，公寓社会化管理，高职院校学生之间交流减少。此外，由于就业压力增大，高职院校学生忙于考研、考证、找工作，忽视了对时事政治的学习，对集体荣誉感和社会使命感的培养。高职院校学生思想政治教育要摒弃这些负能量，积极引导高职院校学生发挥正能量，努力寻找创新途径。

“中国梦”加快高职院校学生思想政治教育思路的转变。对于高职院校学生工作来说，要始终坚持“立德树人”为根本出发点，及时转变思想观念，勇于创新，必须从原来经验型、封闭型的工作模式向协作化、辐射化的新型工作模式转变，从各要素之间单向型的工作模式向互动型的工作模式转变，并培育全员育人的新观念。只有各要素之间相互交流与沟通，才能实现优势互补、共同发展，创造高职院校学生思想政治教育的和谐氛围。

教育体制是教育机构和教育规范的结合体。教育机构是教育体制的载体，教育规范是教育体制的核心。高职院校学生思想政治教育应从管理育人、服务育人延伸到环境育人、文化育人，教育主体应由党总支副书记、辅导员扩展到学生干部、党员学长，基本建立高职院校党委、二级学院党总支和学生管理部门三重育人体制。同时，人性化的规范制度必不可少。但是，目前大多数高职院校在制度规范建设方面远远滞后于时代的发展，剥夺了学生自我参与和自我实践的机会，不利于学生的身心发展，在很大程度上影响高职院校学生思想政治教育的全局和质量。可以说，规范制度在很大程度上是大学文化的延伸，是学生工作者在教育实践中所提炼、概括的基本教育思想的外化。因此，加强制度建设显得尤为重要。高职院校学生思想政治教育工作要积极加强制度建设，要充分考虑制度因素。

教育机制是教育现象各部分之间的相互关系及其运行方式。新媒体的发展，使得高职院校学生的价值观念更加多元化，话语表达更加自由化，沟通交流更加网络化。以微博、微信、客户端为代表的新兴媒体，为高职院校学生思政工作带来了巨大挑战，也带来了机遇，为拓展思政教育模式提供了新的载体。高职院校学生思想政治教育应以“新媒体”为平台，全面拓展高职院校思想政治教育工作运行模式。通过在高职院校评比开展网络思想政治教育精品活动，用事实说话，用效果说话，将思想政治教育活动的宣传平台扩大到网络，努力做到化被动为主动，把握规律、讲求谋略，发挥学生主体作用，形成校内合力，加强网络舆情引导，加强高职院校学生网络素养培养，进行高职院校学生网络思想政治教育的实践探索。

以“中国梦”为主要内容，全面推动高职院校学生思想政治教育内容创新。通过开展“青春中国梦·践行中国梦”等主题教育系列活动，引导学生将自己的人生理想与国家民族梦想紧密相连，增强社会责任感和历史使命感。要教育引导高职院校学生深刻领会实现中华民族伟大复兴是中华民族近代以来最伟大的梦想，每个人的前途命运都与国家和民族的前途命运紧密相连。

以这些活动作为思想政治教育的载体，既能解决思想问题，同时又能解决实际问题，做到解决思想问题和解决实际问题相结合。

要着力打造“四化”辅导员队伍。一是专业化培养。建立健全分层次、多渠道、多形式、重实效的辅导员培训工作格局和工作体系。二是职业化发展。为辅导员提供相对稳定的职业发展环境和支撑体系，积极打造职业化辅导员队伍。三是动态化轮换。根据工作需要，实行不同学院间的阶段性流动以及学生工作部门管理岗位和辅导员之间的岗位流动，保证辅导员队伍的创新能力和良性发展态势。四是集团化作战。实行专职辅导员一人多种角色，每一名辅导员均承担党团建设、心理辅导、职业发展指导、学生事务管理中的一项工作，打造纵向相连、横向贯通的矩阵式、集团化工作体系。

综上所述，要以“立德树人”为根本出发点，以良性互动为观念创新点，以优化体制为核心，以新媒体为机制平台，以“中国梦”为实践活动内容，以辅导员队伍建设为人才保障，着力探索出一条适合新时期高职院校学生思想政治教育的新路径，为中国梦的早日实现做出积极的贡献。

## 二、完善高职院校学生思想教育考核体制

思想教育是维护社会和谐稳定、树立文明风气的重要方式之一，它使用一定的道德理念、政治观点，以及思想观念对社会成员进行方向性的引导，保证他们的行为与社会发展方向相吻合。高职院校学生群体还未涉足社会或涉足不深，年轻又充满热情，思想政治观念还没有完全成熟，很容易被误导，所以高职院校学生思想教育工作非常重要，各高职学校要健全思想教育体制，落实思想教育工作，保证高

职院校学生思想教育工作达到应有的效果。

随着时代的发展,大学教育逐渐普及,由于成长环境、社会背景等因素的影响,高职院校学生这个庞大的群体在思想政治、道德素质等方面出现了很大的差异性。高职院校学生在很多方面都代表着一个国家的发展水平,“少年强则中国强”,一个国家要长久兴盛下去,就必须拥有源源不断的有生力量,而这些有生力量就是高职院校学生,高职院校学生的综合素质,将直接影响到国家未来的发展状况。要想做好高职院校学生的思想教育工作,就必须建立完善的高职院校学生思想教育体制,让教育工作有完整的运作机制。所以要保证高职院校思想教育工作的顺利展开,必须不断改革创新教育体制,保证体制的活力,尤其因为当今高职院校学生大都是“90 后”,他们更自我,充满生机,敢于挑战,传统的思想教育体制无法满足他们的需求。高职院校必须进行改变,分析新时期高职院校学生的思想特点,发挥党的政治优势,扩大思想教育的影响,保证高职院校思想政治教育体制健康有序地发展。

随着改革开放的深入,我国高职院校逐步探索科学的思想教育体制,也取得阶段性的成果。党中央一直要求高职院校思想教育工作要将课堂理论与社会实践相结合,而各高职院校也以此为指导思想,在不断探索中,我国高职院校将“课堂为主,社会为辅”作为思想教育体制的贯穿线。党中央给予大力支持,不断完善思想教育理论体系,把课堂打造成高职院校学生思想教政治教育的主要平台。与此同时,在国家相关部门的指挥下,高等院校建立社会实践体制,加强学生服务精神的培养,使其懂得服务社会的重要性。另外,各高职院校还组建了思想教育的专业队伍,党中央对高职院校思想教育工作队伍的建设提出明确要求,要积极建立完善的队伍建设体制,不断改革教学方式,保证教师队伍的教学水平。以高职院校组织人员为中心,对教师进行专业培训,提高队伍的整体素质,为高职院校学生思想教育工作的完成提供了保障。虽然取得了一系列的成绩,但是成绩不能掩盖掉问题,高职院校必须对存在的问题保持清醒的认识。目前,我国高职院校学生思想教育体制还存在一些问题。比如,现有机制没有系统的表明责任制度,各阶层人员的职责无法很好地落实,职责分配混乱,这样就降低了自觉性;此外,教育工作的完成度也有一定的不足,由于教育体制科学性不够,无法对教学任务进行有效分解,目标难以落实,进而导致教育任务不能有效完成。诸如此类,各高职院校都或多或少存在这样的问题,需要高职院校相关人员解决。

通过分析我国高职院校思想教育工作的现状及存在的问题,需要从以下方面完善高职院校学生思想教育机制,强化思想教育的效果。

高职院校学生思想教育考核体制是对高职院校学生本身和高效发展的约束机制,也是保证思想教育工作良好发展的推动力。高等院校要分析研究高职院校学生的学习特征,建立出一套完善的思想教育考核体制,对学生的思想政治成绩进行综合考评。考核方式不能局限于传统的笔试,也不能过于重视分数,而是要重视学生个体的综合素质。考核体制要包括惩罚奖励体制,对那些表现优异的学生要给予奖励,激励学生对自身要求的不断提高。考核体制不仅要应用在高职院校学生方面,还要建立起对高职院校的考核体制,以高职院校学生思想教育工作的成绩作为衡量高职院校等级的重要考核部分。主要考核部分包括高职院校学生综合素质、人力投入、资源投入、后期保障、教育体制等,以确保考核方式全面科学。

高职院校学生思想教育工作是维护党的领导,保证国家发展的重要工作,所以各高等院校要明确自身的义务,高职院校学生本身要明确自身的责任。高等院校有义务对学生进行思想政治教育工作,这是学校的分内之事,学校领导对其有直接的不可推卸的责任关系。高职院校领导层人员,本身符合教育工作者的要求,自身素质是高于学生的,因此对高职院校学生进行思想教育工作,承担着一定的责任。与高职院校学生有直接责任关系的是高职院校的辅导员老师,他们是与学生直接接触的群体,具有直接的责任关系。思想教育工作不同于专业知识的教育工作,新时期的高职院校学生,天马行空,信仰观念等还不牢固,很容易被错误的观念所误导,教师要做的就是纠正错误,拓展学生的思维,每个个体都有不同的思想理念,他们对思想认知的程度和接受能力也是有很大差异的。教师要"因材施教",正确认识学生的差异性,不能千篇一律地对待所有的高职院校学生。如果教师缺乏责任意识,对所有的学生都采取一样的教育方式,就会抹杀许多学生的思想,使其变得"麻木"。教师要创建多种措施进行对学生进行考核,比如当堂测、学生评比、班干部考核、自身考核、年终评比等方式,让学生感悟到自身的责任,进而完善高职院校学生思想教育责任体制。

高职院校学生思想教育工作的落实是需要后期资源来支持的,包括物质资源和制度支持,这样才可以高质地完成教育工作。首先,物质资源要得到保障,教育事业的开展不是慈善事业,是需要经费的,高职院校相关人员要合理分配资金,保障教师的利益,长久维持思想教育工作的开展;其次,高职院校要努力获取法律制度的保护,通过合法的手段,提高高职院校思想教育工作质量;另外,对直接参与高职院校学生思想教育工作的辅导员队伍,高职院校要严格把关,确保辅导员教师的素质符合要求,还要提高辅导员的待遇,在职称评比、培训教育等方面都要给予支持,保证这支队伍的质量。

近几年,网络技术发展迅速,高职院校学生生活的背景也逐渐科技化,高职院校要利用新生的事物进行思想教育工作。比如,微信受到高职院校学生的广泛欢迎,上面的内容也影响着学生的思想。高职院校要合理利用这种新生的事物,把它作为一种教育工具,作为教师与学生交流的一种渠道,潜移默化地引导学生的思想。截止到2014年,微信使用人数已达6亿,高职院校可以申请微信公众账号,实时更新校园信息,为学生解决难题,传播正能量;教师在课堂上使用多媒体为学生讲授知识,用看视频等更接近于高职院校学生的方式进行思想教育。新鲜事物更能引起学生的兴趣,更符合当代高职院校学生的特点,正确利用,会取得事半功倍的效果。所以高职院校学生思想教育体制要紧跟时代的脚步,开展网络教育。

总的来说,高职院校学生思想教育体制不是静态的,它与周围的一切都紧密联系。随着社会的变化,我们要不断创新教育体制,紧跟时代的步伐,结合新时期高职院校学生的特点,完善高职院校学生思想教育体制。

## 三、不断巩固和传承诚信教育工作成果

诚信,是人类共同追求的一种美德,是人类文明的无形资产,是伦理道德建设的底线。在构建社会主义和谐社会的过程中,诚信建设更是社会公民基本道德建设的切入点。高职院校学生,作为公民群体的重要组成,作为国家建设的接班人和未来发展的新领军者,必须肩负民族和社会的责任,有意识、有能力、有作为地担当起青年应尽的使命。

加强高职院校学生诚信教育,是丰富高职院校思想政治教育的应有命题,是引领校园文化风尚的切实主题,也是探索知行合一形成长效机制的时代难题。以笔者所在的天津师范大学为例,该校有着50多年优良的校园文化传统,近几年注重在诚信文化建设上全方位、多角度、合众力开展内容丰富、形式新颖的活动,特别在诚信教育体制机制的探索与实践道路上取得一定成效。

当代高职院校学生有许多鲜明的时代特征。但不容忽视的另一种现象是,在责任意识、合作精神、恒心毅力以及中国传统文化中的“仁义礼智信”等方面,仍需要进一步培养和完善。特别是在校园中,考试作弊、论文抄袭、欠贷不还、简历造假等诚信缺失现象屡见不鲜。因此,对学生进行系统的诚信教育,是关乎国家事业、民族未来、社会稳定以及校园和谐的重大课题。20世纪90年代初,天津师范大学创造性地提出了全员、全过程、全方位“德育一体化”育人理念并在工作实践中不断丰富和完善,让校园修身文化成为高职院校学生立德正行的人生追求。因此,在诚信校园文化建设中,需要学校党委定位明确、思路明晰,各有关部门形成共识、齐

推并进，对学生而言，教育为主、管理为促，重在实践、内化于心。

在诚信教育中，天津师范大学一直坚持有定位、有目标、有策划、有落实、有宣传、有总结的“六个有”原则，确保诚信教育做深、做透和做实。一是有定位。学校在策划阶段时，就其定位成一个全校型的品牌活动。二是有目标。学校的目标是：培养学生诚信文化与责任意识养成、倡导学生践行诚信行为，让学生能够对诚信文化及诚信理论知识进行全面地理解和掌握；能够将个人诚信意识自觉、逐步地转化为诚信行为。从而使诚信教育与责任意识有机地结合，有效地促进和保障校园精神文化建设、优良校风学风、良好道德风尚的形成和优化。三是有策划。无论是学校开展的活动，还是学院的特色活动，学校都做了科学的策划，有系统宏观的活动构建，也有具体明确的创意、主题、口号、项目和相关安排。四是有落实。对于活动的各个环节和方方面面，都在工作小组的统筹部署和安排下扎扎实实地做好。五是有宣传。学校高度重视活动的宣传工作，每年的诚信教育活动均在校内外各级媒体进行广泛报道。六是有总结。活动每做完一步，学校都对“诚信教育”工作进行总结，及时总结经验和不足，并召开了天津师范大学“诚信教育”总结会，通过典型代表发言、座谈交流、专家讲解、成果展示等环节，各基层学院的师生分享经验，相互学习，不断巩固和传承诚信教育的工作成果。

天津师范大学将诚信教育视为一项系统工程，协调诸多教育主体和各类资源的密切配合，注意结合高职院校学生特点的方式方法，通过不断丰富和拓展教育活动载体，增强教育的实效性，从而形成体系与制度。

天津师范大学每年开展的诚信教育宣传月活动，始终秉承“突出主题教育，深化服务内涵”的工作目标，努力做到“与时俱进、求真务实”。其中，开展具有针对性的专题讲座是诚信教育工作的重要内容之一。天津师范大学每年均邀请校内外专家开展主题报告；此外还积极联络中国人民银行天津分行的相关部门，积极开展资助、征信工作调研，为进一步深入开展资助诚信教育工作提供专业支持；针对应届毕业生，每年集中开展“诚信季”主题教育，特别是针对申请国家助学贷款的毕业生，专门召开“毕业还款工作大会暨诚信教育宣讲会”，为贷款学生答疑解惑，宣讲诚信还款。专题讲座令诚信教育更具针对性，教育效果也更为突出。

诚信教育必须坚持理论与实践的结合。开展贴近学生日常学习、生活的校园文化活动，是培养和增强高职院校学生的道德评价能力和道德修养自觉性的有效途径。因此，诚信教育若只停留于课堂上的理论教学，则其教育效果是有限的。只有将理论教育有机地融合到高职院校学生文明行为和社会实践活动中，才能循序渐进、潜移默化的培养高职院校学生的诚信观念，进而保证诚信观念在其思想深处的“固化”和教育效果的长久作用。天津师范大学通过开展主题突出、形式多样、内容丰富的校园文化活动来培养和增强高职院校学生的诚信意识。多年来，各学院结合自身专业通过开展“主题文化节、专题讲座、知识竞赛、辩论赛、舞台剧、征文、演讲、图片展、评选诚信自强之星”等形式多样的活动，广泛宣传诚信文化，宣讲诚信事迹，倡导契约精神，不断丰富了诚信教育活动载体，同时形成了自身的实践教育体系。

诚信教育是一项系统性、长期性的教育活动，在丰富教育手段、拓展教育载体的基础上，建立和健全相关的体制机制，是推动诚信教育工作持续开展的动力和保障。高职院校学生诚信教育的根本目的是培养受教育者的良好诚信品质，指导受教育者如何养成诚信之德，并在社会实践的各个领域中做一个对自身、对他人、对社会都诚实守信的合格的社会公民。因此，大学开设“高职院校学生诚信教育”课有着特别意义，天津师范大学在这方面做出了积极有益的探索。

该校于 2011 年启动了诚信文化课程建设。作为一门全校性的公共选修课，《诚信导论》课由十位校内外专家结合自身的研究领域，为学生“讲授诚信知识、解读诚信内涵、传承诚信文化”，与此同时，广大基层辅导员全程听课、辅助教学，并实践讲授。这种新颖的授课模式和丰富的课程内容得到了高职院校学生的充分认可。连续 4 年，该课程的平均出勤率达到 97%以上。课程建设为实践教学环节提供了理论指导，更使诚信教育在规范化、专业化、长期化的体制机制建设道路上向前迈进了重要的一步。

与社会征信系统相呼应，建立高职院校学生个人诚信电子档案，将高职院校学生个人基本信息、经济活动情况、个人行为状况记录存档，成为诸多学校考核评估学生诚信状况的基本依据。天津师范大学的各基层学院也纷纷探索创新，建立结合自身专业特色的诚信教育机制。其中，该校数学科学学院的“诚信银行”建设便是其中的代表，且收效显著。数学科学学院将诚信教育与学生熟悉的银行运行模式结合起来，建立了“数学科学学院诚信银行”。他们巧妙运用银行的投资理财形式，从“队伍建设、评价机制建设、奖惩机制建设”等方面入手，通过模拟“诚信银行”的实际运作，使学生理解个人诚信“自负盈亏”的道理。

## 第二节 大力改革职业教育体制，发挥职业教育对产业升级换代的关键作用

### 一、加大对职业教育教学科研的投入

职业教育对整体劳动力素质的提升作用毋庸置疑。纵观世界工业发展历史，第一次工业革命期间，如果英国仅仅拥有领先全球的工业发明，但是职业教育没有紧跟其后培养出让这些发明快速应用到生产中去的大批劳动力，是不可能成就后来的“日不落”帝国的。而在第一次世界大战和第二次世界大战之后，德国之所以能够三五年就打一个翻身仗，很快就从千疮百孔的战败国复原为充满自豪的工业生产强国，与其完善强大的职业教育培养出的大量素质高、守纪律的劳动力不无关系。

而中国在职业教育方面存在的问题，在很大程度上制约了劳动力的潜力发挥，进而阻碍了中国工业的发展。只有解决了这些问题，才能解开绑缚在中国职业教育上的枷锁，才能促进职业教育大发展，从而提升整体劳动力水平、促进产业升级换代。目前中国职业教育方面存在的问题主要包括：

#### （一）职业教育生源差

长期以来，中国的高考制度是完全学术型导向的，从社会到学校到家庭对于学术型教育的评价远高于对职业教育的评价。在幼儿教育阶段，社会最基础的单位——家庭就在为孩子接受学术教育做准备。到了基础教育阶段，学生无论禀赋、特点和兴趣爱好，一股脑地将接受学术型高等教育定为终极目标，而将接受职业教育当作被学术型高考淘汰后的无奈之举。一代一代的新生劳动力从根本上不能正确认识职业教育，不能在考虑自身特点的基础上，适时地锻炼职业技能，使得数量相当多的动手能力强于抽象思维能力的人随大流接受学术教育，而将没有学习能力、专注力不强、动手能力也相应较差的人下沉到了职业教育中。无论是幼教、普教、高教还是职教，其最核心的因素还是生源。好的生源可能让一个平平的教育制度硕果累累，而大量差的生源也会让一个无比科学合理的教育制度流于形式。如果生源问题不能解决，向职业教育倾斜的资金会失去效率，参考国外先进制度做的课程改革也如同无用功。而习近平提出的“弘扬劳动光荣、技能宝贵、创造伟大的时代风尚”，是从中央最高层为职业教育营造良好的氛围。这种氛围的营造，如果脱离了高考制度的改革，将举步维艰。事实上，一个教育大环境中，学生的禀赋是

各有不同的,有一部分人就是动手能力强,更适合接受职业技能教育;有一部分人就是擅长抽象思维,更适合接受学术教育。如果高考制度能从根本上认可学生与学生之间的差异,将职业技能教育与学术教育放在同等位置,从招生到培养到就业的各个环节,都进行针对性的调整,这将会进一步引导社会以平常心来对待职业教育,使有特长、有能力的人乐于接受职业教育。只有这样,才会使整个社会真正从内心接受"劳动光荣、技能宝贵、创造伟大"的理念。事实上,在德国的第一次工业革命期间,大量的发明创造是由在工作岗位中真学实干的工程师做出的,所以德国社会从始至终就一直相当认可职业教育。职业教育社会地位高,必然会促进职业教育的发展。

(二)职业教育的师资力量不足

中国的高等教育学科分类目录中,是有职业技术教育这一门类的,但是中国的职业技术教育理论研究在世界范围内排不到前位,也没有在世界范围内得到认可的学术水准和科研成果。而由于整个社会对职业技术教育的不重视,使得接受职业技术教育高等教育的生源比较少,本学科转行的比例比较大。学习了职业教育理论的人只有一部分人能从事职业教育管理工作,大量职业教育管理是由其他专业人员担任,这对于职业教育的课程设置、教学管理优化是个不利因素。要解决职业教育教学管理人才数量短缺、质量不足的问题,要从职业教育的金字塔入手。首先是得加大对职业教育教学科研的投入,有了资金才能招聘到世界知名的教学科研人员,才能真正地落实科研需求,凝练具有中国特色的职业教育理论。其次是在高考招生中,增加职业教育理论专业的招生人数,同时改善职业教育院校的薪资状况,让学生能够安心到职业教育教学管理岗位就业。同时,加大对职业教育院校的考评力度、优化考评指标,建立严格的奖惩制度,努力推动职业教育院校提升教学管理水平。从职业教育的专业教学上来看,由于职业教育和学术教育过去一直存在隔断的鸿沟,传统上中国教育教学岗位对学历学位的要求,使得大量有着丰富实践经验、缺乏学历的高技能人才被拒绝于职业教育的教学岗位,取而代之的是只有学历教育缺乏职业实践经验的人。根据教学规律,教师不具备的素质能力是无法传授给学生的。这样的教学效果无法保障。按照此前教育部职成司的高考改革方案,将进一步放开职业教育上升到高等教育的通道,这样就给了大量具备丰富实践经验的高技能人才依托高等教育进一步总结升华实践心得甚至进行技术创新的机会,也给了他们进入职业教育教学岗位的起点。理想的职业教育模式,应当是职业教育教学管理主要由系统学习过职业教育理论的人来从事;职业技能教育工作主要由具备丰富的实践经验和相当的理论水平的人来担任。打通职业教育上升到高等教育的通道,无疑对职业教育是一个强有力的推动。

(三)职业教育和实践脱节比较严重

职业教育和实践脱节的问题是一个存在了很长时间的问题。它深层次的原因有两个,一个是职业教育教学管理跟不上导致课程设置不能满足社会需求;另一个原因就是资金不足限制了职业教育和实践之间的紧密结合。职业教育如果想紧跟实践的发展,是需要大量资金支持的。以汽车维修专业为例,汽车产业竞争激烈、产业变化快,新车型层出不穷。如果想让汽车维修专业的学生跟上实践发展,就需要做到出个新车型就更新一下技能训练平台,这对任何一家职业院校来说都是一个挑战,无论是中国还是国外。而德国的“双元制”职业教育就在成功地回避开资金问题的同时让学生紧跟行业的发展,那就是让学生在职业院校接受基本的理论和文化教育后,就直接到工厂的生产一线接受长达一年的实践教育,就相当于职业院校将技能训练平台搬到了企业。在那里,他们可以在企业安排的实践辅导老师的带领下,在最新的生产线上作业,领会每一个生产细节,不仅不会落后于实践,还可以在长期的实践过程中,逐步获得企业的信任,得到就业机会。目前中国已经有部分职业院校开始了类似的尝试,例如东风汽车就和山东的一些技术院校达成了相关的协议,由学校对口为东风汽车培养汽车维修专业的学生,学生的实训在东风汽车进行,在达到东风汽车的要求后,实现在东风汽车的就业。这样做,既解决职业院校办学资金不足的问题,又避免了职业教育教学和实践脱节,还顺利解决了学生的就业问题,企业同时得到了经过考验的劳动力、降低了招聘风险。这样的校企合作是一个双赢的合作,这已经在德国经验中得到了充分的证实。但是,中国大部分企业还缺乏东风汽车这样的魄力和认识,很难接受将企业作为职业院校的实训基地,即便是国营大厂矿对自办的职业院校也难以提供此类便利条件;而职业院校也缺乏这样和企业深入合作的机会。在这种情况下,就需要政府发挥宏观调控的作用,在资金上对和职业院校深入合作的企业进行补贴,在税收上对和职业院校深入合作的企业进行优惠,甚至对国有企业和职业院校的合作进行硬性的要求。通过这样的引导和调整,使得大多数职业院校可以拥有企业这样的实训平台,这样就能真正地提高职业教育的质量,教育出更多合格的技术能手。

(四)在就业中,技能型岗位对于职业教育经历和资格并没有严格的要求

这一点,说白了就是就业准入制度执行不到位。根据国家的定义,就业准入是指根据《劳动法》和《职业教育法》的有关规定,对从事技术复杂、通用性广、涉及国家财产、人民生命安全和消费者利益的职业(工种)的劳动者,必须经过培训,并取

得职业资格证书后,方可就业上岗。严格执行这一制度,能够确保从业人员的职业素质,也能敦促劳动者为了实现就业去接受严格的职业教育。但是由于就业准入制度执行不严格,大量没有经过规范的职业教育、没有获得相关职业资质的人也能够实现就业,这样就在一定范围内形成了“接受不接受职业教育一个样儿,学没学好职业技能也一个样儿”的观念,更加稀释了社会对于职业教育的认可和尊重,也削弱了人们对职业教育的信心,对职业教育来说,这无疑是雪上加霜。为了解决这一问题,需要人力资源社会保障部门加大对规避就业准入制度行为的惩处力度。而在实践中,严格执行就业准入制度遇到了一定的阻力:大量小微企业为了降低招聘成本,存在一定的用工随意性,如果要求其严格执行就业准入制度,会加大其用工成本;而目前在中国存在一定规模的失业人群,就业是国务院工作的重中之重,如果过于强调就业准入制度,会对相当一部分就业弱势群体造成负担。所以在目前的社会舆论氛围中,一方面要谨慎对待这一问题,避免社会对人力资源社会保障部门产生“事管得太多、手伸得太长”的错误认识;另一方面,还要积极主动地去解决问题,比如加大投入,对农村进城务工人员、就业困难群体进行免费培训,使其接受规范的职业教育和培训,具备从业资格。

(五)职业技能人才在社会分配和职业晋升体系中不占优势

在改革开放前,中国的分配体制倾向于国营(有)体制,而国有体制的分配制度倾向于管理人员和高学历人员。人们都说“知识就是力量”,可是却没有人说“技能都是力量”。改革开放40多年来,在生产部门尽管实现了多种所有制并存,但是国有企业还是占主流,而国有企业中分配倾向于管理人员和高学历人员的制度一直没有改变。例如大部分国有企业的工资系数是与职位和学历挂钩的,尽管根据技能等级也对技能型人才的工资实行梯度管理,但是技能型人才的工资和高职位、高学历人员的工资还是有一定差距。从晋升的角度看,近些年国有企业在晋升方面普遍将学历作为一个限制条件,使得技能型人才无奈地被玻璃天花板压在下面。这也是社会戴着有色眼镜看待职业教育的一个重要原因。没有人可以否认技能型人才给社会做的贡献,为社会节约的财富。技术改造、管理流程优化很大程度上要根据技能人才在实践中发现的漏洞、总结的经验来进行。过去一段时间社会媒体中流行的一个段子就是,一个流水线工人用一台风扇就解决了流水线包装空盒挑不出来的问题;而一个名校博士生做了很复杂的模型也对此束手无措。但是在国有体系中,分配体系和晋升制度对职业技能人才的贡献并没有制度性的认可甚至激励,这对于提高职业技能人才的信心无疑是不利的。解决这个问题,最直接的办法是对社会分配体系动刀子,这涉及方方面面利益,是一个漫长而惊心动魄的过程。但是目前中国提出的职业教育改革体制,通过拓宽职业教育上升到高等教育的通道,给优秀的职业技能人才提供了获得学历学位这一社会通行证的机会,也算是曲线提高其社会分配和职业晋升地位的一种方式。

在党中央和各级人民政府对职业教育普遍重视,并投入大量人力物力扶持职业教育发展的新形势下,社会对职业教育的认可逐步提高,职业教育发展迎来了蓬勃发展的机遇。然而,多年来,教学质量不高一直困扰着职业教育,成为当前职业教育面临的突出问题之一。如何提高职业教育质量已成为职业教育界共同关心并应努力攻克的重要课题。

为什么人们历来对职业学校的教学质量微词颇多呢?归结起来有几点:一是职业学校无普通中学那样沉重的升学压力,因此对教学常规抓得不够认真,缺少力度。二是生源质量差。上职校的学生都是经过基础教育阶段无数次应试的失败淘汰者,文化底子相对较薄弱,学习上的积极主动性也比较差。三是缺少有效措施。一些职业学校教学管理松散,在抓好教学质量上缺少一整套行之有效的措施。

基于以上原因,职业学校如果要抓好教学,提高教学质量,只有从抓好教学常规管理、分科分类指导、加强检测等措施进行教学管理,才能起到一定的成效。

有句名言说得好:“只有正规,才有机会。”抓教学质量亦如此。职业学校的教学管理部门不妨学一学一些教学管理比较规范的普通中小学:从教师备课、上课、作业布置、批改等常规环节认真抓细、抓实,每个环节都能监督管理到位。教师在及时有效的管理和监督之下,教学工作必然比较认真地去完成,不敢马虎大意,应付了事。这样所得出的教学效果自然就好得多。

抓教师的备课的办法是每周都坚持检查教案,以杜绝教师上课无准备造成课堂教学效率低下的情况发生。当然对教师的备课检查要分类对待,刚走上教学工作岗位的教师要坚持让他们在备课时尽可能形成详细的教案,相同科目教了多年的教师可以写简案。

抓教师上课的办法是每周坚持不定时、不打招呼地随堂听每位教师的一节课,让教师们不敢上课随随便便,马虎大意。

中国职业教育水平与世界先进国家有差距、整体劳动力素质亟待提高、劳动生产率绝对值低下的问题由来已久,其成因也较为复杂。但是新一届政府上台后,对此把准了脉、下对了药。只要中央职业教育改革的方针能够真正落实到位,中国的工业发展内在质量必然会得到大幅度提升,中国必然能够成为坚不可摧的工业强国,离真正实现中国梦也就不远了。

## 二、提升高职学生文化素质内涵

为了尽早实现社会主义远大目标，国家开始注重各类专业人才的综合培养机制，拟定切实可行的人才战略培养方案。高职院校学生是时代青年的代表群体，注重高职院校学生综合素质教育是社会改革建设的重要内容。

高职院校学生是实现社会主义改革的主要动力，青年高职院校学生对社会长期规划与发展产生了重要作用，标志着时代青年主宰社会时期的正式到来。从实际教学情况来看，文化素质教育转变了高职院校学生的思想行为，具有多方面的时代意义。

校园文化是生长发展在校园环境中的独特文化现象，是师生在长期教育实践过程中所形成和创造地反映着人们在价值取向、思维方式、行为规范、精神状态上的一种团体意识和精神氛围，是维系、凝聚和塑造学校团体的精神力量。校园文化内涵丰富，是历史和文化的积淀。优秀的校园文化对学生既有潜移默化的熏陶、浸润作用，又有强烈的凝聚、激励作用。

高职校园文化具有校园文化的内涵和共性。我国高职院校校园文化经过多年的建设发展，已经初具规模，大多数职业院校具有优越的办公环境和办学设施。在肯定这些成就的同时，必须看到高职院校工具性、技术性的价值取向越来越明显，而精神文化建设缺少特色，思想性、知识性较弱，高雅的文化活动更少。职业技术学院的培养目标不仅是要把学生培养成一个具有专业技能的工作者，更重要的是可以把学生塑造成一个具有健全人格、内涵丰富的公民。现今社会绝大多数企业对高职人才的要求除了具有一项专业知识和技能外，还需要学生具有认同感、敬业精神、团队意识、吃苦耐劳精神、办事实在、懂礼貌等内涵素养。如果忽视精神文化的建设，教育的导向作用就会出现偏差，必然造成学生内涵素养的缺失、人才全面发展的失衡。

高技术与高内涵的全具备是高职人才培养的最终目标。高职院校应以现实社会和企业的需要以及人的发展规律为参照，在进行技能训练的同时，注重学生的内涵素养建设，把价值标准、道德准则、团结协作、自强不息、诚实守信、高尚的道德情操和健康的心理品质等良好的精神文化引进校园建设，让学生能以一个建设者和改造者的身份走向社会，成为企业的优秀员工。学生对文化素质重要性的认识上有所欠缺。大多数学生对文化素质教育的重要性有比较清楚的认识，他们对“提高学生文化素质是当务之急，非常重要”持“赞成”或“完全赞成”的态度。但是学生对文化素质的内涵认识不够清楚。学生虽然对文化素质教育比较重视，但对什么是文化素质、什么是文化素质教育,以及人文科学和人文精神的内涵并不十分清楚。此外,学生有意识地参加文化素质教育的活动比较有限。学生在平时生活里普遍存在和思想有较大差距的行动。同时,学生对文、史、哲、艺等方面书籍的阅读也比较少,几乎不怎么读。

学生文化素质的整体状况较差,现状堪忧。我对学生文、史、哲、艺等基本知识的掌握情况进行了调查。结果,学生文化素质的整体状况较差,如文学修养欠缺、知识面狭窄,历史知识较为贫乏,对哲学思想的接触认识非常有限,艺术的修养爱好比较肤浅等。

第一,学生的主流是好的,大部分学生都能积极向上、勇于进取,有正确的态度和行为。首先,在政治态度方面,当今学生政治信念比较坚定,对一些社会问题能用客观的眼光看待、冷静的头脑思索,对我国的各项建设和长远发展充满信心。其次,在价值取向上,学生对我国社会主义、集体主义的主流价值取向予以认同,人生态度、价值判断积极进取、勇于竞争,有较强的事业心、责任感和使命感,渴望为祖国奉献智慧、施展才华。再次,在道德品质行为方面,中国传统伦理道德文化对大学生的人生态度影响还是比较大的。第二,主流之余存在的问题。首先,一些学生参与活动热情不高;对学习不主动、不积极,部分学生还存在一定的逆反心理,对一般性政治活动不热心。其次,价值判断标准的两重性。大学生积极进取、敢于竞争,人生价值健康向上,但价值观念还是不成熟,部分同学还不能用正确的价值目标来指导实践。当他们人生的价值目标和现实利益发生矛盾时,一般倾向于现实利益的考虑,价值选择和价值实现上的实惠性和功利性倾向比较明显。再次,理想崇高的同时也具有现实性。部分学生只注重个人的成长,没能树立共同理想,缺少远大目标的激励力量,思想趋于实际、实用和实惠。最后,人生观、恋爱观、道德观中出现的新问题。大学生群体的道德水准在社会范围内处于较高层面,但就部分大学生本身来说,其道德状况也是不容乐观的。面对社会变革,有些大学生感到困惑和迷茫,以致是非、善恶难分,道德观念模糊。

以学生为本,大力增强文化素质教育的针对性和有效性。高职院校的素质教育要改变过去只注重用社会意识约束人、规范人的传统理念,而应坚持以学生为本,尊重人、关心人,引导学生认识社会、自觉适应社会。既要重视学生的内在需要,根据学生群体的需要组织设计和开展教育活动,因势利导,使其自觉地接受思想教育,在受教育中汲取营养,提高自身素质;又要考虑学生的个性差异,因材施教,给学生创造自主发展的空间,让他们充分发挥其独特的个性优势,使学生形成独立高尚的文化素质和人文精神;同时引导学生开展积极的自我教育,触及学生更深层的思想层面,在此基础上形成正确的人生观和价值观,只有这样才能实现高校素质教育的有效性。

将文化素质教育贯穿于高职教育的全过程。我们应将文化素质教育纳入人才培养目标和教学计划,构建更加坚实宽厚的教育平台,从而实现文化素质教育的预期目标。要实现这一目标,必须解决好两个关键性的问题。一是要建设好文化素质教育的课程体系,主要包括教学模式、教学内容、教材、教学手段、考核评价测量方法等要素,使文化素质教育课程化、规范化、科学化;二是要根据人才培养目标,将文化素质教育课程体系导人专业教学计划,使之成为实现文化素质教育课程与专业教育课程的整体组装和文理渗透融合。

改进"两课"教育,发挥素质教育的主渠道、主阵地作用。当前,大学生思想道德层面存在的种种困惑与偏差,归结起来最根本的就是由于他们对"特色理论"不了解、对市场经济体制缺乏足够的认识、对改革及改革出现的问题不能正确看待,以及对社会变化缺乏足够的心理准备造成的。因此,我们要加强学生的思想理论和素质教育,要把马克思主义理论教育同大学生的世界观、人生观、道德价值观的教育紧密结合起来,教会他们运用马克思主义立场、观点和方法去正确认识与看待社会现实问题,提高自己的甄别力,并牢牢把握住自己思想道德选择的方向。同时,要加强素质教育队伍建设,强化教师对学生进行素质教育的功能,用制度规范教师的育人行为,形成教书育人的良好氛围。高校不仅要有科研大师、教学大师,也要有育人大师;通过各种渠道培养一支素质优良的"两课"教师队伍;坚持理论联系实际和"要精、要管用"的指导原则;改革教育内容与改进教学方法,使"两课"教学既具有理论上的坚定性,又具有鲜明的时代感和现实性,切实提高教学效果。

拓宽素质教育渠道,重视社会实践的教育功能。在校大学生一般都是出中学校门进大学校门,社会知识缺乏,经验不足。长期的学习压力养成了"两耳不闻窗外事"的习惯,加之思想认识片面单纯,对社会了解肤浅,思想易走极端。因此,应该重视和发挥社会实践的教育功能,引导大学生走向社会、走向生活。利用社会实践的教育功能,定期组织大学生深入农村、工厂、机关体验生活。社会实践应充分利用学校所在地的革命史迹、场馆、人物对学生进行革命传统和爱国主义、社会主义教育,还可以通过"三下乡"活动了解社会,在社会实践中提高学生的文化素养、培育人文精神。

开展丰富多彩的校园文化活动,发挥各种载体的潜在作用。大学生的素质教育不仅仅局限于课堂和会场,还应根据青年人的特点,充分发挥校园文化的潜在教育作用。校园文化是学校在长期的教育教学实践中所形成的校园精神和文化氛围,具有潜在的渗透性,大学应该是学术文化氛围最浓厚的场所。学校通过开展学术、科研、文化、艺术、体育等丰富多彩的活动,利用各种载体,陶冶情操,提高素养,使大学生从中受到教育和启发,并内化为他们的自觉行动,融合成一种健康向上的人文精神。

新时期我国倡导培养各类专业型人才,借助人才资源储备以促进现代化建设改革,高职院校学生作为时代发展的主力军团,其必须要具备综合性的文化素质条件。高职院校对高职院校学生实施文化素质教育政策,有助于增强高职院校学生的实践能力,全面培养学生参与社会实践的积极性。例如,文化素质教育涉及了实践操作能力的培养,要求学生通过各类实践活动锻炼自己的综合能力,这是文化素质实践价值的表现。

我国正步入社会主义现代化建设阶段,以经济、政治事业发展为中心,协同科、教、文、卫等事业共同发展,这是我国当前改革建设的主要目标。新时期高职院校学生文化素质教育有了新的方向,以科学发展观为指导的文化教育体制日趋形成。笔者认为,高职院校学生文化素质教育建设对策包括:

文化素质不只是学校教给你的科学技术方面的知识,更多的是指你所接受的人文社科类的知识,包括哲学、历史、文学、社会学等等方面的知识。这些知识通过你的语言或文字的表达体现出来、通过你的举手投足反映出来的综合气质或整体素质。所以有知识的人不一定有文化、不一定有思想,高职院校必须强化专业知识教学体制改革,丰富高职院校学生的专业知识理论,力争做一名"有文化、有理想、有目标"的青年人才。

历史文化是高职院校学生素质教育的主要内容,其涵盖了我国多年的文化发展历程。例如,延安大学获批教育部高职学校红色经典艺术教育示范基地后,学校以基地建设为平台,深入开展红色经典艺术教育活动,从红色经典艺术教育体系建设、师资队伍整合、教学资源和教学平台的建设、保障制度完善等多个渠道推动经典艺术教育进程,有力地提升了学生的文化素质。

高职院校学生是社会时代发展的推动力,高职院校学生文化素质教育也要具备时代性特点,这样才能发挥出素质教育的根本价值。高职院校创建素质教育体制需融入时代需求,深入理解"中国梦"的内涵,实现国家富强、民族复兴、人民幸福、社会和谐。当代中国所处的发展阶段,决定了全面建成小康社会是"中国梦"的根本要求,"中国梦"呈现出这个阶段高职院校学生教育的时代特征。

思想政治教育是高职院校文化教育中不可缺少的内容,倡导思想政治辅助高职院校学生文化素质培养,遵循了时代教育与时俱进的发展要求。积极培养思想政治素质促进了高职院校学生文化水平的提升，思想政治素质是指高职院校学生思想意识、道德行为、政治态度、法纪素养等符合时代特征的基本品质，是高职院校学生政治观、人生观、价值观、道德观的综合体现，也是高职院校教育体制改革的调整对象。

高等教育是服务于人才战略机制的公共事业，发展教育对培养高素质人才有着时代性的推动意义。为了改变传统人文思想理念，我国积极重视了高职院校学生文化素质教育工作，为学生提供了诸多可行性的素质教育方案。

## 四、完善地方教育立法与教育体制创新

回顾60多年中国教育事业的发展，我们会发现我国教育事业的发展进程就是教育体制不断改革创新的进程。中国教育的继续发展离不开教育体制的改革，囿于现有政治体制，中国教育体制改革之路依然艰难。但是可以从地方入手，以地方教育立法为主进行教育体制的创新改革。

根据法治国的要求，地方创新必须建构在法制基础上，符合法律保留与法律尤位原则，否则将构成违宪。国家中长期教育改革和发展规划纲要（2010—2020年）规定要进一步加大省级政府对区域内各级各类教育的统筹，推进城乡义务教育均衡发展，依法落实发展义务教育的财政责任。近年来国务院权力不断下放，分税制后地方政府还拥有了一定的财政权，地方可以在本区域内根据本地方的实际情况进行创新，形成具有地方特色的教育发展模式。

当前中国教育最严重的问题之一是教育公平问题，教育公平可以表现为结果公平与机会公平。教育机会不公平当前主要表现为义务教育阶段城乡教育机会不公平，高等教育地域区别造成机会不公平。农民工子女要享受城里优质教育资源就得花上数万元的择校费，其费用远超大学费用。教育行业曾被舆论评为“十大暴利行业”之一，另一方面却是义务教育经费不足，个人教育成本过大，因教返贫家庭增多。究其原因在于教育资源的成本分摊机制不合理，解决教育不公平的根本对策在于进行成本分摊机制创新，建立市场化的教育成本分摊机制。

教育领域引入市场化机制是社会主义市场经济发展的必然结果，市场化有利于实施教育成本核算，提高教育资金的使用效益。近年来高职院校引入市场化的改革如火如荼，有效刺激了高等教育的发展，但也存在一刀切、过分市场化等问题。地方可以在以下几个方面创新教育市场竞争机制。第一，收取学费遵循市场规律。应当按照教育经济学的基本原理，依据不同专业、不同年级，确定不同的教育成本。教育成本一般包括教学成本、研究支出、学生生活支出、放弃的收益。由于地方与

学校差异,各项教育成本支出也会出现比较大的差异,地方人大与政府应该根据本地区实况结合市场规律制定动态的收费标准。第二,继续推动后勤社会化改革,提高学校资产的利用效率。行政主导下的教育资产经营并不是按市场规律进行,造成教育资源浪费,无形中增加了个人教育成本负担。通过后勤社会化改革,引入市场竞争机制,激活教育固定资产,提高教育资源使用效率,从而减少个人教育成本。第三,开辟新的经费来源。从国际经验看,社会捐赠与个人捐占据了学校总经费来源很大比例,美国达到10%,日本公立学校达到15%,私立学校甚至高达50%。国家应该营造良好的社会与个人捐赠氛围与机制,扩大社会捐赠规模。地方完全可以发挥地方优势开辟新的经费渠道。如鼓励企业捐助,给予捐助企业税收优惠、政策优惠。鼓励个人捐助,建立专户存储制度,以确保专款专用。鉴于现行状况下民众对慈善机构的不信任,对捐赠活动的不热情,地方完全可以改变捐赠模式。由现有的捐赠面向教育机构改为直接面向受资助对象,或者建立教育投资基金,通过市场化增强教育投资能力,提高社会捐助的积极性。另外,在现有政府投入不足的情形下,可以考虑发行教育彩票来募集教育资金。西方发达国家政府对教育的投入一般占到GDP的5%,而我国教育投入一直徘徊在2%~3%之间,近年才超过3%,但与《国家中长期教育改革和发展规划纲要》要求的4%差距较大。发行教育彩票不失为一条有效缓解教育资金不足的新方法。第四,赠加大政府投入。特别是义务教育,义务教育经费投入应以中央投入为主,以确保义务教育均衡发展。地方在经费充足的情况下可以在中央投入的基础上增加投入。政府投入主要以教育券形式出现,逐步建立政府、社会、个体共同承担的教育成本分摊机制。第五,创新教育成本补偿机制。我国目前成本补偿主要以实时收费制为主,补偿途径单一,表现为“高收费,低资助”。根据“谁受益谁负担”的原则,补偿主体主要为受教育者,补偿主体单一。改革现有成本补偿机制应该普及学生贷款制与学费延付制度,扩大贷款额度,延长贷款期限。同时可以借鉴发达国家经验,引入预付学费制,建立教育投资基金。学校也应坚持产学研相结合的办学方针,积极合理创收,实施教育成本预算机制,开源节流,合理控制教学成本。

教育资源的配置主要有权力和市场两种模式,权力配置模式主要是通过行政权力对教育资源进行分配和使用。现有教育资源的配置大体还是采用计划方式,通过行政权力进行分配,如211大学的设置、985工程的实施、重点中学、重点小学的设置等都是行政权力对教育资源进行配置的典型方式。权力配置模式能够弥补市场模式的不足,但其在内部与外部均出现了很多亟待解决的问题。地方政府为了追求政绩与效率,往往会重点支持一两所学校的发展,很多县市一所重点中学竟然占整个县一半以上的教育经费,严重阻碍了教育的均衡发展。市场配置模式就是通过市场规律,引入竞争机制对教育资源进行配置。市场配置模式能够解决权力配置模式中出现的效率低下、浪费严重等问题。但利用市场对教育资源进行配置需要处理好教育的公益性与营利性问题,处理好学校与行政权力之关系。两种配置模式各有利弊,但是随着教育成本的不断上升,政府对教育资源的供给原来越有限,单靠权力配置难以满足教育需求。由此,给市场配置教育资源留下了一定的空间。在教育资源分配机制上,我们应该改变以往教育资源分配单一化、一刀切的模式,充分注重社会不同阶层的差异需求,有效利用好计划于市场两种分配模式,增强教育资源分配的兼容性。

我国教育资源配置中的主要矛盾是一方面教育公平要求政府平均分配教育资源,保证教育的基本需求。同时为了保证我国教育在国际上的竞争力,又必须重点发展一些学科与学校。在政府对教育有限投入的现状下,应该重点发展职业教育、义务教育,在满足最基本的学校生存需求的条件下再重点发展若干学校。特别是义务教育领域,政府投入是主体,地方应该通过立法统筹管理好本省义务教育,防止出现义务教育领域的畸形分配。过度的市场化,将义务教育推向市场,导致出现名校“马太效应”。应重点扶持贫困地区高中教育,合理布局普通中学与职业学校,促进区域内职业教育均衡发展与资源共享。十八大报告指出城乡一体化发展是解决三农问题的根本途径,要加快新农村建设与扶贫开发,完善城乡一体化发展机制,促进城乡要素与公共资源均衡配置。农村教育发展的薄弱已成为农村可持续发展的重大障碍。城乡教育资源配置的失衡是三农问题的症结之一。近些年地方和中央出台了一系列诸如少数民族、贫困落后地区的加分投档、定向培养等优惠政策。但是这些政策并不能有效遏制城乡教育差距的继续扩大。因为这种“中端控制”政策并不能弥补城乡差距造成的起点不平等,而为了进行“平衡”给予的各种“优惠政策”反而容易造成更大的差距。

政府应将管理权限下放给学校,不再直接参与学校的微观管理运作,而主要通过立法、拨款与政策引导实施宏观管理。学校作为教育运行的主体主要是为受教育者提供服务,公益性是其显著特征,逐步淡化教育机构的行政色彩,推进教育行政法治化。过去学校被作为行政主体,具有行政管理权,而且受特别权力关系理论影响,学生不能起诉学校,不能及时被法院受理,往往也是以败诉告终。这其实是学校高度行政化的体现,不符合教育发展的基本规律。推行教育行政法治化,应当剔除特别权力关系理论,将学校作为法人实体参与诉讼而接受社会监督,改变政府与学校之间的隶属关系,消除政府支配教育的错位、越位现象。引入市场机制,实现政府职能与市场机制的完美结合，这样治理主体不再单一化，而是社会组织、民间资本、中介组织、个人都参与进行管理，治理主体多元化。在政府对教育的管理职能发生转变后，政府并不是对教育不管，而是管理的内容及其机制发生了变化。政府的管理主要涉及以下几个方面：第一，制定教育规划；第二，制定地方教育法规；第三，进行教育统筹，保证全省教育质量和教育公平。

《国家中长期教育改革和发展规划纲要（2010—2020年）》中指出："适应中国国情和时代要求，建设依法办学、自主管理、民主监督、社会参与的现代学校制度，构建政府、学校、社会之间新型关系。"规划纲要为现代学校制度的建立指明了方向。现代学校制度是相对于传统学校制度而言的，现代学校制度主要要处理好两大关系：外部治理关系与学校内部治理关系。外部治理关系即学校与政府、社会之间的关系，涉及办学体制、产权制度、投入体制、后勤体制等等。学校内部治理关系即学校与教师、学校与学生、教师与学生的关系。教育体制改革的不断推进要求政府落实学校办学自主权，落实政校分开、管办分离，构建新型的政、校关系。学校内部的问题才是真正与学校和学生的发展联系最密切的，有关学生的发展、教师的教和学生的学等方面的制度应该成为现代学校制度关注的核心问题。内部治理，首先是要营造宽松、和谐的组织氛围，现代管理的核心是人本管理，学校管理必须从学生认知与教师实际情况出发，切不可过于行政化。其次建立纵向互动机制，最后建立横向合作机制。

## 五、推进教育体制构建校外教育建设

近年来，建设社区教育的重要组成部分青少年活动中心校外文化教育活动势在必行，以提高青少年综合素质、实现青少年自我价值为宗旨，根据青少年的多元化成长需求，深化改革创新，将校外文化教育活动与学校教育紧密融合，为青少年提供专业化、社会化、个性化的服务，让青少年拥有一个机制健全、活动丰富、特色鲜明、服务一流的校外乐园。

随着国家教育体制的发展，加强校外教育虽然提到日程，但总体来讲，学生、家长、学校乃至全社会对校外教育的意义认识还不够全面，参与度不够广泛，对校外教育资源的利用率还不够高。

随着时代的飞速发展，科技和信息把我们带入了一个全新的时代，知识经济作为一种新的经济形态不以人们的意志为转移，知识产品生产和脑力劳动在整个社会生产系统中占据了主导地位，知识上升到社会经济发展的基础地位。面对全新的社会背景，基础教育如何把学生培养成具有健全的价值观和负责的生活态度；具有创造意识和能力,善于发现和探究;具有参与社会实践的能力,善于和他人共同生活、工作;具有社会责任感和生态伦理意识,能够与周围环境和谐相处,成为各国课程改革的核心命题。但是,在国内,校外课程资源没有现成的经验可循。虽然教育部下发的《综合实践活动指导纲要》仅仅给出了课程目标、内容、实施和评价的一些大的要求和原则,缺乏大量的可供借鉴的案例,给课程实施带来了操作上的重大困难;校外课程从课程资源上说具有极强的地方性,不同地区自然条件、社会经济文化状况、文化传统千差万别,使得校外课程在具体的课程内容上不可能统一,无法形成统一的教材或参考资料,校外课程资源本身特有的生成性也拒绝固定的统一教材,这对于习惯了以教科书和教参为教学原点的教师来说,一下子无所适从;加强校外课程资源的实践探索,积累课程实施经验,对于当前的基础教育课程改革十分重要而迫切,而且,从课程本身的特点来讲,每所学校必须在经历了校外课程资源之后才能获得课程实施的经验,才可能在新课程全面推行的时候不至于手忙脚乱,无所适从。所以,不管是对校外课程资源经验的积累还是对课程实施规律的探索,非常有必要花力气进行校外课程资源的研究和实践。

形成校外教育全民意识是今天我们亟待解决的问题。不仅是校外教育机构,尤其是学校、家庭能直接对学生参与校外教育起到引导和推动作用。怎样让学校教育教学的教师系统充分认识现有校外教育资源,以及如何去与自己的学科对接,在校实现知识的传授,并能通过对校外教育资源的整合利用,促进学生对知识的实践能力和转换成能力,并在实践中培养学生的实践精神和创新意识。这首先应当建立一种机制。一线教师应当作为校内外教育资源的整合开发利用中一支重要的亟待开发的力量。无论是学校还是家长都要转变观念,把校外教育当作孩子全面发展的必不可少的一部分来对待,改变只重分数、重升学的态度。

目前普遍的做法是重视校内教育,忽视校外教育。作者认为,应实现校外教育与校内教育的有机结合,这样才能充分发挥校外教育资源的作用,使校外教育资源成为校内教育的有效补充。为实现校外教育与校内教育的有机结合,应采取以下几点措施:

应将校外教育资源纳入校内课程的教学大纲、教案和教学日历中,使校外教育资源成为校内课程教学的一部分或实验基地。各科教师应加大对校外资源的了解,研究整合自己学科的各项校外资源,充分实现提升学生素养的最大化。学校应当把校外资源的开发利用作为对相关学科教师教学研究工作的一项评价考核内容。同时,也把学生的校外教育实践活动作为评价学生的一项指标。做到评价考核的制度化,实现校外资源的更大利用率。

我国是一个历史和文化积累非常深厚的国家，我市又有着丰富的历史底蕴和资源。博物馆就是这种历史文化宝库的重要组成部分，具有重要的课程资源开发价值。在开发的形式选择上，一方面加强学校与博物馆的联系，另一方面也可以将博物馆与学校相应的课程如历史与社会等结合起来，或者通过网络和光盘等形式传播博物馆资源。

网络的开发在于突破传统课程的狭隘性，在相当程度上突破时空的局限。网上充足的信息可以使思路更开阔，多媒体强大的模拟功能可以提供实践或实验的模拟情境和操作平台，网络便捷的交互性可以使交流更及时、开放，所以可以重复利用网络这一巨大的信息载体，进行课程资源的开发和内容重组。教师可以通过网络使学生以独特的方式进行学习，学生也可以在适合自己的时间、地点获得有关学习资料。

总之，校外教育要充分利用特有的自由空间开设多种办学项目，以适应青少年的不同兴趣、爱好和特长的需要。无论是教师还是家长，都应充分尊重孩子的独立人格、独立思考、独立选择和独立追求。当孩子们获得这样一个生动活泼、自主发展的平台时，不仅学习科学知识、参加各种技艺训练会达到最佳效果，而且在发挥创造性、培养探索精神、健全人格方面也会取得不断进步。

## 六、明确社会主义建设必须依靠教育

教育社会化，既是社会发展的趋势，也是我国教育运行努力实现的目标。近些年来，在党和国家科教兴国与人才强国伟大战略的指引下，我国教育事业有了长足的进步与发展。但与世界教育发展状态和我国教育发展目标相比较，毕竟还存在很大的差距。综观全国社会发展状态，非常鼓舞人心的是，广大人民群众接受和参与教育的积极性和主动性，比以往任何时期都高涨。再从我国教育结构、教育信息化的实施及教育体制改革过程等各方面综合去考察，我们清楚地看到这样一种社会的潮流：教育大众化，已是全社会的期盼。

我国是一个人口大国，国民数量居世界第一。如何从人口大国迈向人力资源强国，特别是在全面建设小康社会中，如何开发世界最大、最丰富、最宝贵的人力资源，如何创建全民学习、终身学习的学习型社会，为全面建设小康社会提供最大的人力和智力支持，是教育也是民生面临的最为重要的课题。

2003 年初，一份前瞻我国 21 世纪前 50 年教育与人力资源问题的报告——《从人口大国迈向人力资源强国》问世。这份由教育部组织，清华大学、上海教育科学院、中国社会科学院、国家教育发展研究中心、中国科学院等十多家科研单位和高职院校专家完成的报告，通过理论研究、实证分析和国际比较，定量分析了我国教育与人力资源开发的主要问题，描绘了我国教育发展与人力资源开发的蓝图，同时提出了若干重大制度创新和政策建议。我国教育与人力资源开发的总体目标是：建成总量充足、培植均衡、能力优先、体系现代的国民教育体系，建设世界最大的全民终身学习型社会。要树立"人力资源是经济社会长期持续发展的第一资源，全面开发人力资源是全面建设小康社会的第一目标，全面开发人力资源是实现富民强国的第一国策，全面开发人力资源是各级政府的第一责任"的理念。要重构教育和人力资源开发的公共治理结构，构建公共教育财政制度，健全教育与人力资源开发法律法规等保障体系，培育社会参与和市场机制导向制度，建立现代学校制度，建设学习型社会保障制度。报告提出的十项重大举措是：成立国家与省级教育与人力资源开发决策审议机构；实行省级政府统筹为主的教育与人力资源开发管理体制；实现九年义务教育全免费制度；加快办学形式多样化的探索；实施以能力建设为本的就业培训制度；整合现有国家科学教育体系，建立大学与科研院所一体化的国家创新体系；提高教育与人力资源开发国际化程度；以教育信息化推动教育与人力资源跨越式发展；积极探索创建学习型社会有效途径；构建国家教育与人力资源发展指标体系平台。

我国社会主义建设必须依靠教育。教育结构体系，必须满足社会成员对终身学习多样化的要求。这是由教育的功能特征所决定的。教育既有促进社会发展的功能，更有促进人的发展的功能。合理的教育结构，必须体现广大人民群众的根本利益，利于多出人才、快出人才、出好人才，利于满足不同类型、不同岗位的人对终身教育的多种需求。提倡教育"社会一体化"的理论概念。从教育对象说，这里的"学"是社会的全体成员；教育主体也不仅限于学校，也有"社会力量"参与其中；教育过程上，传统教育以教为主的单向传输和先学后用的套式，应转变为教学与学教的双向交流和在学中用、在用中学与学用不断循环往复相结合的过程；教育时限上，它是实实在在的"活到老、学到老"。这种教育同社会生活密切地结合在一起。从基本方面去分析，它涉及教育在社会中的地位及与社会各方面的联系，教育系统与社会系统的协调、教育内容与社会要求的关联，社会成员与教育对象角色的联通，社会支持、作用和参与教育的过程和途径等，都需要进行相应的改革和完善。

从社会实践来考察，经济和社会发展对人才类型要求是多样化的，而且是经常变化的。以种植业为例，农业劳动者也有企业型农民、技术经营型农民、初级技术型农民与普通农民之分。社会和市场的变化，都会对教育模式、内容、形式与方法提出现实而明确的要求。一方面，当今世界许多国家十分重视高层次人才的培养，国家间的争夺战也日益激烈。目前,我国各地都有大量职业教育、技术教育和在职职工岗位培训、转岗培训和继续教育的需求。由此,教育类型、层次和形式的多样化,已是教育发展客观而急切的要求。

教育开放,近些年在我国有了较快的发展。这主要是学校教育面向社会的开放,为社会成员提供多种接受教育的机会。随着各种形式教育的发展,例如各类远程教育体系和自学考试等,使教育在同社会结合并为其发展服务上大大向前迈进了一步。目前,对现有教育机构而言,无论在教育观念、教育组织上,还是教学服务、人员配置乃至教育条件上,都还应有许多急需解决的问题。科技、经济和社会的发展,要求学校同社会建立更为紧密地联系,成为本地区现代化建设和建立终身教育体系的重要力量。各类教育特别是高等教育的各种教育资源,包括实验室、图书馆、体育设施等等,都应最大限度地向本地社会成员开放。

教育的进一步开放,国际上已有不少可以借鉴的经验。这其中不仅有面向全体社会成员办教育的做法,更有整个教育如何与社会相沟通的经验。在法国,终身教育分为学校教育和成人教育,成人教育又分为成人普通教育与职业继续教育。成人普通教育以传授文化、艺术和科学知识为目的,主要通过函授教育、远距离高等教育(广播电视计算机系统等)、巴黎第八大学、(“开放”大学)与老龄大学四种方式进行。职业继续教育包括青年入职培训,工人、技术员、工程师、企业管理人员、政府行政官员与教师等各类人员的在职进修。法国成人教育的主要职能是:①向一切成年人提供各级各类教育;②向各层在职人员提供在职培训和改行培训;③向失业者提供就业培训;④进一步扫除文盲。南斯拉夫成人教育与青少年所接受的中、高职学校教育相互沟通、同步前进。通过四年成人初等教育将获一等资格,相当于普通小学八年级程度;成人中等教育前两年要求掌握普通教育公共课和专业技术课程,后两年将达到专业技术工人三至四级熟练程度,同时打好接受高等教育的基础。成人高等教育阶段,两年可获六级资格,三年获七级资格,四年达八级水平。九级资格相当于硕士学位,要在八级基础上再学两年。欲获博士学位的,还要在职继续学习。九个资格级别,反映了普通教育与专业教育在同一水平上的不同阶段。西欧与北美还发展了学习与劳动相互交替的制度。法国在中学就传授现代化生产的工艺技术。美国从小学就启发学生认识劳动的意义和价值,并了解未来可能从事的职业。中学生专业训练由企业工人、职员负责进行,双方均不计报酬。

实现教育更为充分的开放,需要解决的一个认识问题,就是教育开放未必能够保障教育的质量。有的人则认为,只有较高学历才是质量。其实,教育开放与质量保障,是既相互联系又不可完全等同的两个方面的问题。问题在于必须处理好特定环境下特有的质量保证问题,把握好开放条件下质量与各种不同要素的联系,以不同形式保证与各地需求相适应的不同的质量。目前,对构建相互衔接、相互沟通的教育结构体系也即"立交桥",人们往往仅把思路集中在高职院校的扩大招生方面,这是不够全面的。为使更多人有学习的机会,为离开学校或其他教育机构的人继续学习开辟新的途径,包括为小学、中学、大学阶段辍学的学生重新学习提供机会,我们应积极创造条件,实行普遍的学分考核制度,建立允许阶段性就业和分阶段学习相结合的制度。尤其是对远程教育来说,计划应是弹性的,教育应是多样的,因而质量也应是有层次的。在基层和边远地区,从非学历的职业技术教育开始,在教育相应普及的情况下开展学历教育,并随着人们知识水平的提高逐步提升教育的层次,也不失为一种成功的经验。

从我国教育社会化结构要求、教育竞争所形成的非均衡状态的影响和教育进一步开放的趋势来考察,我国教育的大众化,已是毫无疑义的。然而教育社会化能否进一步顺利推进,则取决于教育体制改革的全面深入。没有改革全面深入地进行,那么教育的社会化或大众化,就仍然会面临较多的障碍。这是因为,我们过去的基本制度,是在传统教育思想基础上为培养精英人才服务的。而要构建终身教育体系,提高全民族思想和文化素质,整个教育体制就必须随之而改变。只有将教育体制与终身教育体系和学习化社会构建相协调,我国教育与人力资源开发和民生问题解决,才会得到更快更好的推进。

关于教育体制的影响,在实践中我们看到诸多的表现。从大的方面来说,关于教育沟通与联合、相同内容与分量学习成绩互认以及所谓规范与模式等方面的问题,都会成为教育大众化的障碍。而从教学实践来考察,在所谓管理与教学的协调上,在是以课堂灌输为主还是学生自主学习为主的争辩上,都反映着创建新体制与维护旧体制的矛盾。我曾多次阐述过全国广播电视大学办学应具多样性。自然,同电大开办初期的单一传统模式相比较,这无疑已是巨大的进步。但我们仍看到,一是在整个教育中,主体部分仍然是传统的教育。按照面授方式设计音像教材,采用学年制集中办学,"在封闭状态下讲开放办学,在开放名义下搞传统教育"似有偏颇之嫌,却在一定程度上反映了基本的事实;二是开放教育实践,虽指导思想上已经明确,在实践中也取得较好成效,但工作中反映在态度、方案、办法的比较与实施过程中,逆向因素依然发挥着一定的作用;三是既然开放教育只是整个教育的一部分,似乎对其观望也就成为理所当然的了。电大尚且如此,其他教育更不用多说了。综观整个教育,我们讲教育开放与改革,就是要在创建终身教育体系中发挥其重要作用;要解决教与学的矛盾,使教服从和服务于学,为亿万人民接受不同类型和层次的教育做出积极的贡献。值得重视的是,教育开放中既存在认识问题,更存在教师工作考核、工作量计算与讲课酬金支付及其他方面制约因素的影响。一方面主体上和起支配作用的制度一起维护着传统的教育模式,另一方面要力主开放教育,自然这就使得开放教育在实践中成为虚无缥缈的东西。而要大踏步地实现真正意义上的教育社会化,改革实践的突破,具有极其重大的意义。

关于教育体制改革的现实可能性,我认为首先现代教育理论的创立和传播,为改革奠定了坚实的思想基础。处于新的历史时期,人们对教育已逐步形成了这样的共识:教育必须实现从一次性学校教育向终身教育转变,从应试教育向素质教育转变,从校园式封闭教育向开放教育转变,从教师和课堂为中心向以学生和学习为中心而转变。其次,我国各类教育尤其是远程教育已经创造了不少开放教育的经验,并为教育社会化的实施创造了良好的条件。再次,国内外教育改革也提供了大量宝贵的经验。关于教育全过程的开放运行,多年来尤其近些年国内外不仅有不少论文发表,而且实践中涌现出大量的经验。另外,现代科技的发展,为远程开放教育提供了技术的支持。这不论在教学运行与组织管理上,还是其他方面,都促使它在保证质量与提高效能方面,产生了极大的效力。

教育体制全面深入的改革,为教育社会化和终身化的实施,创造着极其有利的条件。没有这种全面深入的改革,正如同经济工作要在计划经济与市场经济制度并存条件下运行一样艰难。持续推进这种改革,则会为教育开辟极其广阔的天地。在现代教育的思想指导下,社会化教育网络借助先进科技手段,必将使教育呈现给各层次社会成员。很自然,新的教育模式必将在实践中涌现,并在教育发展中充分显示其功能。义无反顾地沿着改革开放的道路前进,我国教育就将在推进全民终身教育实施中迈开更大的步伐,从而对我国现代化建设人才的培养和民生改善,做出更为巨大的贡献。

## 七、维护学生权益的需要

独立学院创建于 1999 年,是在公办大学下建立的民办学院,是国家鼓励民间办学的一个措施。经过几年的实践,独立学院已经发展成为民办高等教育事业的重要组成部分。截至 2018 年 5 月 21 日,全国高等学校共计 2845 所,有 450 所独立设置民办普通高校和 297 所独立学院。由此可见,独立学院对实现高等教育大众化、深化高等教育改革发挥了重要作用。

教育主管部门明确要求独立学院必须以市场为导向,注重发挥其主办高职院校的学科专业优势，结合区域和地方的社会、经济、文化需要，培养创新和应用型的复合人才为主要任务。

国内很多高职院校每年都有部分毕业生难以找到合适的工作，高职院校学生就业已成为一大问题。这样，独立学院的毕业生如何充分发挥所长，使得在未来职场竞争中具有很强的竞争能力，便成为大家关注的话题。这就涉及独立学院教育体制下如何进行素质教育、如何实现高素质的人才培养的问题。

因为独立学院创办的时间一般较短，仅有小部分独立学院具备比较好的教学环境及师资力量，其他独立学院在成长过程中还存在诸多困难。因此，与普通本科院校相比，独立学院在学生的素质教育方面还将面对许多新情况和新问题。

独立学院是在一定时期、根据中国国情而被鼓励发展起来的一类民办学院，它是否将在今后的某个时期被取消办学资格呢？这是所有独立学院已经想到也应该想到的问题。独立学院既然是特定时期的产物，在某个特定时期消亡是完全可能的。但是，如果它在促进社会发展进步的道路中扮演着举足轻重、不可忽视的角色，那么也在以后的发展道路中将成为必然，其消亡的可能性就大大减小了。

如此，则要求独立学院自身需要不断完善、提高。在现有体制的基础上，不断加强学生的素质教育，提高学生自身基本素质和专业素养，在以后的职业竞争中具备强有力的竞争力，从而使学院具有好的社会影响力。这样，才会有更多的学子来学院学习，学院才会得到持续发展。因此，实行素质教育是独立学院赖以生存的基础。

学生进入大学就是为了能继续深造，学习更精更专的专业知识，希望通过大学的学习，无论是思想观念，还是基本素质、专业水平，都有很大提高与发展，能在完成学业后找到一份合适的工作，实现自己的人生价值。独立学院的学生更是如此。

国家在允许民间资本开办独立学院的同时，也允许它收取多于公办大学的学费，这就导致独立学院的学生比公办大学的学生更多的学费支出，给学生及家长增加了压力，家长对学生毕业后的去向也会更加关注。同样，家长对学生在学校里能否学到真本领的期望值更大。相应的投入应有相应的回报，这是很多家长对学校的期望，也是学校的义务。学校担负的责任非常重大，既要对学生负责，也要对学生家长负责。所以，实行素质教育，提高学生的整体能力和职业竞争力势在必行。

就业是个永远的话题，尤其对于求学多年的高职院校学生而言。如何在走入社会的第一次择业中找到合适、理想的位置，是学生关注的问题，也是家长关注的问题，更应该是学院和社会关注的问题。

学校就如一个工厂，学生有能力找到一个合适的工作，就如工厂生产出了一个合格的产品,投入市场后将发挥所长,为社会尽一份力。

独立学院的毕业生从事开发研究性工作,没有国家重点大学、综合性大学培养出来的毕业生理论基础扎实,从事技术性工作则没有职业学院培养出来的毕业生实践能力强。这就使独立学院的毕业生在择业时面临双重夹击,学校如果不从中间找到一个适合他们的位置,几年后的大量毕业生的择业将是一大难题。所以,当务之急,独立学院应该根据自身特点,认真制定、调整人才培养方式,对学生进行具有自身特色的素质教育,让学生掌握坚实的本领,以期毕业时能成功就业。

独立学院一般都依存于母体高职院校,吸收其优势学科,所以其学科专业一般都是社会热门专业和紧缺专业,社会需求量大。所以,独立学院的毕业生也有他们的专业优势。

如果想找到称心的工作,独立学院的毕业生必须精于专业知识、具备良好的学习、实践能力,掌握一种专业职业技能,具有一定的创新能力。所以,独立学院的素质培养主要应从职业技能培养和创新能力培养抓起。

企业在招聘时,重点考查学生是否具备履行相应岗位职责所需的优良的思想素质和道德品质、良好的专业基础知识及专业技能,以及是否具备团队工作、分析问题、解决问题、谈判、沟通和适应发展等能力,其中最为关注学生是否具备一定的工程经验以及良好的职业技能。

(1)职业技能。职业技能即掌握和运用专门技术从事职业活动的能力,包括操作技能和智力技能。智力技能的主要特征是抽象思维,并借助大脑的内部语言,以缩略的形式对事物的映像进行加工改造而形成。操作技能由一系列外部动作构成,是由经过反复训练获得的、能够完成一定任务的动作系统。操作技能是专业技能的重要组成部分,也是培养综合能力的基础。职业技能以一定的专业知识为基础,在反复实践的过程中形成并不断强化。在职业技能的形成与强化过程中,智力技能和操作技能不能够被割裂开,它们相互作用、相互影响并相互促进。

(2)培养职业能力。培养独立学院学生的职业能力,可以通过实践教学的实施来实现。实验教学能在实验室的环境下,让学生将理论知识应用于简单的实践中。工程实践是学生深入认识自己和工作,学习同学间与师生间的交往与交流,学习相互协同工作与主动工作,提高独立应对学习、工作和环境的必要能力,同时也通过实际项目来检验自己所学知识、技能。实践教学又分为实验教学和工程实践教学两部分。实践教学与理论教学应融为一体,相互补充、相互发展。

工程实践能力培养的一个主要环节是毕业设计,通过毕业设计的训练,学生可以融合大学所学专业知识,并搜索相关最新理论知识及科技应用。如果条件允许,学生还可以通过在企业进行一段时间的项目实践,在实际的工作场景中完善职业素质和能力的培养。

创新是对已有事物的整体或部分进行变革,从而使其得以更新与发展的活动。创新能力指在顺利完成以知识经验为基础的创建新事物的活动中,人类表现出来的潜在的心理品质。

21 世纪将是以知识经济为主导的世纪,综合国力的竞争越来越依赖知识创新和科技创新,国家与民族的强盛将依靠具有良好创新能力的高素质人才。高等教育直接为国民经济建设培养高素质专业人才,创新能力因此成为高职学校人才培养的核心目标。一般而言,创新能力按其广度可以分为个人的创新能力、团队的创新能力、民族或国家的创新能力三个层次。

从经济社会发展与进步、就业竞争和自我发展等方面来说,培养高职院校学生的创新能力也是独立学院义不容辞的义务与责任。

树立高职院校学生的创新意识是培养创新能力的基础。创新意识是人们对创新的一种认识,一种态度,并以此来指导自己行为活动的一种意向。独立学院学生的一个非常显著的特点是,他们不拘一格、各具特色,虽然文化科目的考试成绩不高,但他们的思维非常活跃。可以说,如果加以正确引导,他们的创新能力决不屈于一、二本学生之下。但是,他们也有一个非常显著的缺点,即在一直以考试成绩论成败的学校教育里,他们的自信心不够。所以,独立学院的首要任务是采用合适、正确的方法,让学生扬长避短,看到自己的优势所在,树立创新的意识,将会收到事半功倍的效果。

创新思维就是突破常规思路、寻找全新而独特的解决问题的思维过程。所有人都具有创新思维,只是没有被开发和利用。打破创新性思维的障碍,破除思维定式、思维惯性,才能够开启创新思维之大门。有了创新的意识之后,不能沾沾自喜。如何培养、如何训练及实施创新的思维任重道远,关系到整个教学、教育的管理与实际工作的每一环节。独立学院应从整体上推进完善创新性培养,任课教师在设计教学时,也应有意识地从打开学生的创新思维方面入手,设计一些独特的案例及方法。

此外,培养创新能力以学习和实践能力为基础,与培养团队协作的能力、分析与解决问题的能力、谈判与沟通的能力、适应发展的能力、判断能力和专业发展的能力紧密相关。因此,创新能力的培养不是高等教育某一个环节的事情,需要在整个高等教育中各种能力的培养中系统进行。

学生的素质培养过程即为产品的生产过程,独立学院作为工厂的运营总指挥,有责任思考如何合理、有机、有序地安排整个生产过程。各生产环节处理的好坏关系到最终产品的质量,即学生整体职业素质的水平,择业能力的高低,就业后可挖掘潜能的深浅。本文从分析独立学院的特点及学生所面临的困难入手,分析了独立学院实行素质教育的必要性。在此大背景下,可以从学生的职业技能和创新能力培养入手抓好学生的素质教育。任重而道远,在独立学院教育体制下,只要充分考虑学院特色及学生特点,挖掘特有的培养方案,就能因材施教,培养出创新及应用双面型人才。

## 八、大胆探索推进高等教育体制机制创新

4月12日下午,教育部在京召开试点学院综合改革推进会,交流总结前一阶段试点学院综合改革的经验做法,推动落实《教育部关于推进试点学院改革的指导意见》,部署下一阶段相关工作。教育部副部长杜玉波出席会议并讲话。

杜玉波指出,党的十八大提出"深化教育领域综合改革"的要求,为进一步推进试点学院综合改革指明了方向。有关高职院校要着眼高等教育改革发展全局,进一步充分认识推进试点学院综合改革的战略意义,把这项改革作为推进高等教育体制机制创新的重要突破口,继续加大力度先行先试、大胆探索,为高等教育综合改革提供经验、做出示范。

教育部于2011年启动试点学院改革项目,以创新人才培养体制为核心、以学院为基本实施单位,在17所高职院校试点学院推行综合改革。去年11月,教育部出台了《关于推进试点学院改革的指导意见》,进一步明确改革的目标和要求。

杜玉波在这次会上强调,有关高职院校要认真研读《指导意见》,吃透政策精神实质,用足用好政策,努力实现试点学院改革的目标任务,率先在学生招录选拔、创新人才培养体制、改革教师管理机制、探索建立现代大学制度等方面实现突破。有关省市教育厅(教委)和试点学院所在高职院校,要清醒认识到改革的艰巨性和复杂性,加强组织领导,按照"方向正确、聚焦重点、务求实效、稳中求进"的要求,以极大的勇气和智慧推进这项改革。

改革招录选拔方式。北京航空航天大学能源与动力工程学院秉持"综合评价、多元录取、促进公平"理念,实行"航空百年中国心"本科生自主招生,成立"三三制"自主招生委员会,建立全过程跟踪的多元选拔机制,不拘一格选人才。北京师范大学教育学部本科按一级学科大类招生,硕士自主命题招生,博士试行"推荐—审核"招生,招生计划单列。北京交通大学经济管理学院按照"分类考核、综合评价、多元录取"思路,探索建立国家统一考试基础上的自主招录选拔模式,选拔

综合实力突出、具有专业培养潜质的学生。

改革人才培养模式。浙江大学基础医学院优化人才培养环节、机制和要素，建立"知识、能力、视野、人文"四位一体的人才培养体系，提升培养拔尖创新人才能力。北京航空航天大学能源与动力工程学院实施个性化人才培养机制，把导师按"科学型""技术科学型""工程型"进行分类，根据学生个人特点、兴趣爱好和发展方向，定制专业课程模块内不同课程，让本科生根据自身特点、兴趣喜好等自由选择，实现"个性化培养方案"。

改革教师遴选、考核与评价制度。北京交通大学经济管理学院实施可并轨 AB 轨制，"A 轨"岗位采用现行考核和薪酬体系，"B 轨"岗位设置增量薪酬，实行年薪制，讲师、副教授和教授年薪分别可达 20、30、40 万元。苏州大学纳米科技学院建立教师全球招聘、人才引进第三方评价和"一人一价""按水平定薪"制度，集聚包括院士、"千人计划"入选者、"863 计划""973 计划"首席科学家在内的一批领军人才。浙江大学基础医学院推行师资分类管理，"以学术水平定岗级、以教学质量保收入"，按教学、科研和服务三方面进行综合考核。跨院系整合师资，建设大类核心课程。聘任国内外高水平师资，建设多元化师资队伍。

完善学院内部治理结构。北京师范大学教育学部按照"问题导向、统筹兼顾、协调联动、激发动力、民主协商"思路，制定学院章程，建立理事会，实行理事会领导下的院长负责制。成立由校内、校外、国际专家(各 1/3)组成的学术委员会，实行教授治学。苏州大学纳米科技学院坚持教授治学，相关事务由教授委员会、教学委员会、学位委员会、学术委员会负责处理。北京交通大学经济管理学院以三个一级学科为基础组建三个分院，加强一级学科建设，增强学院办学活力，提高教师参与学院民主管理热情。

## 第三节　高职院校学生思想政治教育体制机制的精致化研究

### 一、高职院校学生思想工作与教学工作的分离及其精致化创新

高职院校学生思想政治教育工作从横向上被分为了如下两个大的方面，一是由思想政治理论课教学部门负责的思政理论教学；二是学生工作部门开展的经常性思想政治工作。目前，名义上两者是实行共管，在实际工作中却是两条线运行。从事理论教学工作的老师多数仅对授课期间涉及的教学环节和教学内容进行管

理；而从事高职院校学生思想政治教育管理工作的老师缺乏理论支撑，观念落后，工作水平有限。当代青年受到高科技的影响，能够多渠道地了解各方面的信息，学生观念的变化和知识水平的提高都要求学校教师不断更新知识、提高理论修养，将日常的思想工作与教学工作相结合。

新形势下，思想工作与教学工作相结合是思想政治教育工作发展的必然趋势。精致化的核心思想是要整合有效资源、综合运用多种手段，以形成全员育人的教育格局。融合思想教育工作和教学工作可从以下几个方面努力：一是精化分工机制。教务部门和学生事务部门之间需要明确职责，避免部门间责权重叠、执行交叉，努力做到上下一条线、主从分明。新的分工体系既要发挥思想政治教育在培养学生完善人格、高尚品德、政治素养方面的重要作用，又要充分发挥专业教育在培养学生科学精神、人文素养方面的重要作用；二是寻找结合点。要促进思想工作和教学工作的交融渗透，需将"全面育人"作为两者的共同目标，此外还要从各个环节探索两者之间的结合点。例如通过加强学风建设将思想与教学工作结合起来，思政和专业老师都有责任引导学生树立正确的学习观、知识观；三是更新评估机制。以往的评估比较粗疏，课堂成绩是教学工作的评估依据，活动成绩是思想工作的评估依据，新形势下的评估机制需要根据各自的新分工建立更加细化的评估体系，只有做到科学、精细的评估才能有效促进两者创新融合。

《师说》有云"师者，传道授业解惑者也"，通俗而言便是"教书育人"，所谓教书即传授科学知识，育人即以自身德行言传身教，引导学生树立正确的人生观、价值观。随着教育的深化发展，出现教师分工，形成了专门进行道德教育和专业教育的教师队伍。智育老师只注重教授学生科学文化知识，甚少关注德育。而德育老师只会对学生进行思想政治教育理论的灌输，未能将思政教育与学生的生活、专业相联系。教师分工是教育深化发展后的先进产物，但由于在发展过程中缺乏精致化的价值导向，未能从细节着手关注德育、智育的具体执行和微观操作，导致本应属于同一育人目标的德育和智育出现分离，破坏了人才培养目标的整体性。

要形成《关于进一步加强和改进高职院校学生思想政治教育的意见》中提出的"全员育人"的思想政治教育格局，需要从教育的各个环节着手，精致每个教育过程。首先，创新领导体制。大部分高职院校都是安排一名党委副书记分管学校的德育工作，一名副校长分管学校的教学工作，校长对德育和智育全面负责。但是各部门间缺乏经常化、制度化的沟通交流。领导体制决定了"我向谁负责""我有事儿找谁"的工作思维和路线，只有从领导层面进行工作思路的创新、任务分工的细致化才能形成全员育人的氛围。其次，明确执行责任。学校从事德育的老师包括:学校领导、政治理论课教师、专(下转第 53 页)(上接第 47 页)职政工干部、班主任等。这些老师需要在进行本职工作的同时积极提升自身的专业水平和综合素质,将思想政治教育工作做到专业化、精致化。最后,完善考核机制。工作的落实情况需要通过考核评估来检验,需要通过考核结果来激励。要形成教书育人、管理育人的良好氛围和工作格局,需要建立系统的、动态的、标准化的考核目标和考核体系。

思想政治教育按场所可分为课堂教育和课外教育。课堂思想政治教育既包括在思想政治理论课上的教育,也包括在其他学科的教育过程中所体现的思想政治教育的活动。课外教育包含了思想政治理论课教师在课后组织学生参与的具有教育内涵的活动,如志愿者服务等,也包括学工部门、党团委、思想政治教育理论课老师等指导下开展的各类思政教育活动。课堂教育是思想政治教育的主渠道,而课外教育是主阵地,两者一个偏理论,一个偏实践,属于思想政治教育的重要组成部分,相互补充,缺一不可。但是现实教育工作中,课堂和课外教育不能有机结合在一起,导致资源浪费,降低了思想政治教育的针对性和实效性,为了促进思想政治教育的精致化、科学化,我们要积极探索两者的结合途径。

中央十六号文件和李长春同志在全国加强和改进高职院校学生思想政治教育工作座谈会上都强调思想政治课堂教育是主渠道,课外教育是主阵地。要促进课堂教育和课外教育的真正结合,可考虑从以下几方面改变。一是要建立共同责任机制。以加强和改进思想政治教育作为全体教师的共同目标,将共同的责任细化、分解落到实处。明确各相关部门监管责任,细化分工,建立部门联动和联席会议制度。二是要建立全面育人体制。所谓全面育人,一方面是指课堂任课老师不再局限于计划内的课堂教育,而是将课内讲授式和课外活动法相结合,加强思想政治理论课与当前高职院校学生关注的热点问题、现实问题以及日常生活的联系;另一方面是指课外教育老师,例如辅导员需要不断加强自身的理论修养,可以兼任思想政治理论课教师,将日常管理与课堂教育相结合,建立高水平的辅导员队伍。三是要建立知行合一的考核机制。思想政治教育的成果在学生身上主要体现为认知和行为两方面的改变,而当前学校普遍重视理论考试结果,即认知上的改变,而学生行为上的发展缺乏明确细致的评估体系。因此只有建立知行合一的考核机制,如建立公益活动认定制度、社会实践活动评比制度等才能真正促进思想政治教育的实施。

## 二、思想政治教育三级管理

当今世界多极化和经济全球化趋势日益加剧,科技进步日新月异,综合国力竞争日趋激烈,人才的竞争成为关键。高职院校学生是中国特色社会主义事业的建设者和接班人,高职院校学生的素质决定着国家的竞争力。当前,我国社会处于转型期,多元文化的冲击、互联网等现代传媒的影响,使高职院校学生的思想政治教育工作面临严峻挑战。本文着重研究和探讨思想政治教育工作的体制和机制创新问题。体制和机制本来是管理学的一对概念范畴。人们通常认为,体制是指组织体系内的机构设置和权限划分,机制是指机构的具体实现和运作方式。体制和机制相互联系,不可分割。国外有时也使用"组织结构"(organizational structure)、"管理结构"(management structure)和"组织报告关系"(organizational reporting relationship)等词语来表达。

思想政治教育机制是指思想政治教育运行过程中各构成要素由于某种机理形成的因果联系和运转方式。它要研究思想政治教育过程中思想政治教育现象的各个侧面和层次的整体性的功能及其规律。包括其运行所依据的原理和原则,运行过程的状况即运行中各个部分之间的相互作用,以及和思想政治教育系统之外的其他系统之间的相互作用等。把思想政治教育机制引入思想政治教育学的研究,是为了揭示和再现思想政治教育复杂、生动的过程。因此,它的立论重点并不在于一般地分析思想政治教育系统,而是力图通过对思想政治教育系统动态运行过程的考察,对多因素、多变量的思想政治教育运动做一种整体的、动态的刻画,从而达到实现思想政治教育运行的最优化控制的目的。

我国高职院校学生思想政治教育制度发端于建国初期。1952 年,教育部要求各高职院校建立政治工作制度,在学生中实行政治辅导员制度,并设立经常性的政治工作机构。各高职院校开始选拔品学兼优,又有一定组织能力的高年级学生担任政治辅导员,带领学生进行政治学习,组织党团活动,监督学习纪律,评定并发放人民助学金及国家补助补贴。随后高职院校开始设立一些专职辅导员岗位,一般每 100 名学生配备 1 名政治工作干部。历经多年的发展,目前高职院校学生思想政治教育体制和机制有了长足的进步。从体制上来看,基本形成了党委领导下的三级管理模式,在学校层面由党委学生工作部统管;在院系层面,由总支负责;最基层有班级和支部的设置。从机制上来看,也积极探索了科学决策机制、目标管理机制、项目管理机制、有效动员机制、信息反馈机制、稳定预警机制等多种有效机制,不断促进思想政治教育的有效性提高。但随着新时期高职院校思想政治教育工作的发展和学生群体特征的变化,我国高职院校学生思想政治教育体制和机制还存在着很多不适应的地方。

高等教育体制决定了我国高职院校学生培养被人为地分割为智育和德育,这集中体现在:在领导层面上,智育即教学工作往往由一位副校长分管,德育即思想政治教育工作或学生工作由一位党委副书记(有的兼任副校长)分管;在执行层面上,智育由教务部门执行,德育由思想政治理论课教学部门和学生工作部门执行;在德育内部,也被人为地分割为课堂内的思想政治教育工作和经常性的思想政治教育工作。这就导致学生培养无法在一个统一的思路和框架下进行。即使不少高职院校创设了各类沟通与合作机制,但体制上先天的分割无法从根本上解决整体培养的问题。

"全员育人"是《中共中央国务院关于进一步加强和改进高职院校学生思想政治教育的意见》提出的重要主题,文件颁布以后,各高职院校纷纷召开会议,推动"全员育人"格局的形成。但从目前来看,高职院校全员育人的平台相对缺乏,全员育人的氛围尚未形成。学校的教学、科研、管理等方面或多或少存在着与德育脱钩的现象。现有的体制无法有效动员教师、管理人员和服务人员开展工作,"全员育人"只能流于形式。

从纵向上看,现有的思想政治教育三级管理模式事实上形成了党委副书记(副校长)—学生工作部门—院系—班年级(楼)四级链条,思想政治教育工作信息和任务在层层传输的过程中存在比较严重的"耗散"现象。分管领导和学生工作部门往往重视教育理念和教育规划,院系和班年级(楼)往往更重视事务性工作任务的完成,这就导致学校的育人理念和德育内容在经过一条较长的传输链条后很难抵达学生层面,较为严重地制约了教育效果。

从全国范围来看,只有少数高职院校实施的是"大学工"模式,即招生办、团委、武装部、心理咨询中心、就业指导中心由学生工作部(处)统一管理,这种模式有利于德育工作的整体推进。但对于大部分院校而言,招生办、团委、就业指导中心等是学校层面独立的部门,少数院校甚至存在更为细化的分工。各思想政治教育工作部门独立制定工作计划,缺乏彼此协作整体推进德育工作的动力。尽管各高职院校都有一位党委副书记(副校长)统一分管思想政治教育工作,但现有的分工体制决定了各部门还是依据自己的工作开展情况制定规划,推动部门职能范围内的工作,思想政治教育系统内的合力还比较弱,有待调整和改进。

由于思想政治教育向来被看作是一项软约束的工作,高职院校领导和思想政治教育工作部门普遍感觉思想政治教育工作很难制定有效的目标和规划,导致工作计划性较弱。首先,学校的五年规划和年度工作要点中与学生思想政治教育相关的内容往往都是务虚的。第二,随着学校分管领导或部门领导的变更,思想政治教育工作重点差异性非常大;第三,目标和规划务虚导致院系和基层辅导员在开展工作的过程中缺乏明晰的目标概念和阶段概念。这些不利于思想政治教育实效性的提高，有必要逐步探索思想政治教育的目标机制和规划机制，将工作落到实处。

思想政治教育过程控制机制和质量评估机制尚不成熟。思想政治教育机制的另一个问题是过程控制机制和质量评估机制还不成熟。近几年来，随着国家对高等教育质量的重视，高职院校思想政治教育也越来越重视过程控制和质量评估问题。思想政治教育的考评也逐渐从工作任务的考评向质量评估转变，部分高职院校开始探索思想政治教育质量评估的指标体系。但从目前来看，这项工作还处在起步阶段。从过程控制来看，如果将高职院校思想政治教育工作划分为教育类工作和事务类工作，目前的过程控制机制能够保证事务类工作得到有效执行，但教育类工作的推进控制得不到很好的保证。从质量评估来说，从工作任务的考评转向全面的思想政治教育质量评估还有很长一段路要走，其关键在于全面质量评估指标体系的构建。

随着我国经济社会的发展和高等教育改革的不断深入，高职院校学生思想政治教育领域出现了许多新的变化。一是思想教育的专业化，思想政治教育课程列入了教学计划。二是思想政治教育工作出现了经济资助、法律事务等一系列新的职能，导致学生事务中行政事务大量增加。三是全面素质教育实施以来，人们越来越清晰地认识到，高职院校需要引导学生在德育、智育、体育、美育等方面全面和谐发展，高职院校内部必须加强德育与智育之间的合作，即加强学生事务部门与教务部门的合作、学生事务部门与其他部门的合作，形成全员育人的氛围。这些都对我国高职院校领导体制的变革提出了新的要求。

领导体制是一条连续的权力路径，从组织的高层扩展到基层，将组织中所有的成员连接起来，明确“我有问题去找谁”以及“我向谁负责”。对于领导体制的变革，我们提出三个方面的考虑：

1. 从党委单一领导到党委领导下的学生工作委员会——构建思想政治教育决策中枢系统

（1）党委和行政明确分工。党委是学生事务的领导者和决策者，主要研究和学生事务相关的思想、方针、任务和政策等重要问题，制定总体规划与实施计划，定期分析学生思想政治状况和德育工作状况。学校行政部门（院、系）是德育工作的具体实施者和执行者，校长需要对德育和智育全面负责，协调好党务部门和行政部门的关系、学生事务部门和教务部门的关系。增加人才培养在院系工作考核中的比重，院长和系主任必须亲自过问学生工作。

（2）部署与实施科学协调。学生事务与学术事务、党务部门与行政部门之间的配合与协调需要实现经常化、制度化和系统化。学生工作委员会是实现协调的途径之一，但需要将这一组织做得更加规范和充实。校长和书记等学校主要领导要定期召集学生事务部门与学术事务部门的联席会，对一些重大问题进行研究和统筹，对一些具体的工作进行部署和过程控制。

(3)逐步构建思想政治教育决策中枢系统。高职院校学生思想政治教育决策中枢系统是指由具有决策权的领导者组成学生思想政治教育领导核心，并处于领导、指挥和决策的系统。中枢系统是行政决策体制的核心，其他构成系统都是在中枢系统的领导下开展工作并为它服务。该系统应当由党委书记，分管党委副书记、分管副校长，学工部(处)长、研工部(处)长、团委书记以及分管学生思想政治教育、学生管理、心理健康教育、职业发展教育的副部(处)长组成。学生思想政治教育是高职院校人才培养工作的关键环节，应当采取集体决策的方式，通过中枢系统集体会议表决，并对决策实施后果集体负责。

2. 从经验决策到科学决策——构建学生思想政治教育决策咨询系统

高职院校学生思想政治教育工作咨询系统是指协助决策中枢系统进行正确决策的辅助性机构，由学生思想政治教育工作相关学科的专家学者以及部分资深基层思想政治教育工作者组成。从思想政治教育工作咨询系统的类型来看，可以根据咨询机构或人员与中枢系统的关系疏密程度进行划分，分为主从紧密型、主顾松散型、自主开发型三类。主从紧密型是指隶属于高职院校党委或思想政治教育工作部门的研究机构，如学校政策研究室、学生工作系统设立的青年研究中心或高职院校学生研究中心；主顾松散型是指受聘于学生思想政治教育工作系统的兼职专家集团，如思想政治教育专家顾问委员会、教育行政管理部门的思想政治教育理论研究会，校内外相关专业院系等；自主开发型是指提供思想政治教育工作决策咨询有偿服务的机构或人员，这在国内思想政治教育系统中还不常见，但也是一个发展趋势。

3. 从单一信息渠道到健全信息网络——构建学生思想政治教育决策信息系统

高职院校学生思想政治教育决策信息系统是由信息源、信息工作队伍、信息工作机构、信息传输手段、信息工作制度等要素组成的，具有信息收集、加工、存贮、传递功能的有机整体，是中枢系统的重要辅助系统。学校党委信息调研秘书——思想政治教育工作信息工作人员——院系思想政治教育工作信息工作人员——辅导员(班级信息员)是现有高职院校思想政治教育工作体制下常见的信息传输渠道。信息系统是为学生思想政治教育工作提供有效信息服务的系统，建立信息系统的根本目的是促进科学决策，提高思想政治教育工作的水平。信息系统是各类学生信息和工作信息与决策者、执行者之间的桥梁;对信息系统进行不断调整和改进,有利于提高信息处理的效率,提升思想政治教育工作决策的科学性、针对性和有效性。

随着高职院校教学管理改革的开展,尤其是完全学分制的推行,学生将不再严格归属于某一个院系或班级。这对当前高职院校学生思想政治教育组织结构模式带来了挑战,也为变革提供了契机。

在当前高职院校的机构设置中,承担学生思想政治教育职能的部门很多,虽然学生工作部、团委、就业指导中心等部门是学生事务机构的主体,但还有不少职能分散在“兼职部门”,职能的交叠以及因分管领导的不同和协调不够,严重影响了学生事务的专业化程度。可以尝试将学生工作部(处)、团委、招生办、教务处学籍管理科、就业指导中心、总务处宿舍管理科、武装部、体育教学部、校医院等部门和科室根据工作需要重新组合,形成功能专一的新机构,建立直属党委副书记或副校长领导的多个中心,如招生注册中心(招生、学籍管理)、学习辅导中心(学风建设、学术咨询)、住宿生活指导中心(宿舍管理和宿舍生活)、行为指导中心(日常管理和行为管理)、就业指导中心(职业和人生规划)、心理咨询中心(心理教育和咨询服务)、健康服务中心(健康预防、医疗保险)、学生活动中心(校园文化、社会实践)、勤工助学中心、经济资助中心、思想政治教育中心等。可将上述各中心依工作性质分成学生教育、管理、服务三类,分别由学生事务副校长助理分管。在这种划分方式下,学生事务的机构设置切块很小,分解较细,职责单一,各管理部门间不重叠,管理人员不交叉,上下一条线,主从分明,左右协调,各司其职,能确保在学生事务工作中发挥整体效能。

在学生人数较少、思想政治教育从业人员素质较高的学校,可尝试扁平化运作,弱化中间管理层,拓展管理幅度,减少管理层次,提高管理效率。院系一级不再设立学生思想政治教育组织机构,根据不同职能成立的学校一级的中心直接面对学生开展工作,将三级管理体制简化为二级管理体制。心理咨询中心、学生服务中心、学生活动中心等,都直接面对学生,直接向学生提供学习和生活方面的信息和建议(包括新生入学介绍、学习方法指导、课程选择指导、成长与发展咨询、心理咨询、学生对学校部门或具体工作人员的投诉等),接受学生的预约,解决、解答和处理与学生相关的问题。需要强调的是,在这种模式中,虽然院系层面的学生思想政治教育机构被剥离,但辅导员制度仍有必要予以保留,可以考虑让辅导员在带班的同时承担学校层面某中心的相应职能工作。

对于学生人数较多的高职院校,可继续保留院系一级的学生工作机构,但可以考虑通过若干个院系学生工作办公事横向联合,做大做实院系一级的“中场发动机”,实现资源整合与共享。对于职能部门,可以通过引入矩阵化组织,优化组织结构,加强部门的横向延展,重组分散在部门的各项资源,对一些具体任务保持最佳的资源配置。矩阵组织结构的最大特点在于组织成员可以属于不同部门,也可以临时组建一个新的部门。其优势在于当组织的各种活动比较复杂又相互依存时,可以快速响应学生需求,协调各种活动,并且使信息迅速传递。

高职院校学生思想政治教育工作机制,包括管理机制、教育机制、动员机制、保障机制、评价机制、激励机制、督导机制等。思想政治教育工作机制创新主要指思想政治教育工作机构及运作模式不断变化与调整。这里的创新既有对传统的继承,也包括新的机构设置与对相应运作模式的探索。

思想政治教育规划机制主要体现在确定目标、选择方案和反馈调整等方面。我们认为,在思想政治教育规划机制中,要处理好以下三对关系:

1. 处理好务虚与务实的关系

思想政治教育工作在重视实际的同时,也要注重务虚。科学的务虚有助于认清形势,把握趋势,少走弯路,提高效率。务虚的主要形式有:第一,定期组织思想政治教育工作者就思想政治教育工作的理论、思想、政策等方面进行研讨,尤其是在做重要决策时,更有必要召开各职能部门联席会议,对决策的可行性进行分析研究,对思想政治教育活动的发展规律与走势进行高屋建瓴的宏观把握;第二,建立高职院校思想政治教育研究中心等研究平台,在思想政治教育工作队伍中形成崇尚思考和研究的氛围,加快研究成果孵化,推动思想政治教育工作由“实践型”向“实践—研究型”转变。但是,务实与务虚是相互促进、相辅相成的。通过务虚获得科学的规划和指导后,仍然需要通过扎扎实实地开展工作,才能最终实现教育效果。

2. 处理好继承与创新的关系

思想政治教育工作面临着很多新形势和新问题,要求我们不断开拓创新。从目前来看,高职院校思想政治教育工作往往注重不断推出新的品牌和项目,拓展新的载体和平台,但历史上形成的很多好的经验,却因为形式相对陈旧被忽略甚至遗忘。我们认为在进行思想政治教育规划时,一定要处理好创新与继承之间的关系,注重创新并不意味着全盘放弃传统的工作内容、方式方法和基本原则。事实上,创新中有亮点、传统中也有精华,创新中的亮点要经过证明才能成为精华,传统中的精华则是已经被证明的,不能全部否定,但需要与时俱进。应该在继承中创新,在创新中积淀。

3. 处理好长期目标与短期目标的关系

思想政治教育的目标可以分为两个层次：长期目标和短期目标。长期目标的范围应遍布于系统内所有重要的部门。而且，目标应该是动态的，可以随情况的改变而调整。短期目标则是执行性的目标，其时限常在一年以内，常常由长期目标分解而成，是对长期目标的具体细化，这种细化按照时间顺序排列，循序渐进，逐一实现，就能朝长期目标前进。只有把长期目标和短期目标结合起来，才能最大程度地发挥出规划的指导作用，既不会把握不好节奏，也不会缺少整体方向。系统内各部门、各单位的长、短期目标应以整个系统的长、短期目标为依据来设立。

思想政治教育控制机制可以分为常态控制机制和非常态控制机制两类，分别用以对思想政治教育正常运行状态的控制与思想政治教育过程中各类突发状况下的预警控制。

任何教育活动在实施的过程中都需要一定的控制手段来保证教育目标的实现。事实上，控制机制种类繁多，我们遴选了比较有代表性以及较易应用于思想政治教育实践的三种控制机制予以说明。

（1）沟通机制。沟通机制是控制活动最基本的手段，有效的沟通对化解冲突、建立控制机制是极为重要的。高职院校思想政治教育工作者首先要加强工作系统内部的沟通，使有关文件精神能够及时有效地传达，使思想政治教育工作的目标为各个部门、各位思想政治教育工作者所了解和理解，形成系统内部的协调一致。其次，要加强教育主体与客体之间的沟通，及时了解学生的思想和行为动态，掌握学生的接受情况和反馈情况。最后，要改善外部沟通，加强学校与社会各方面上做力量的整合，形成良好的工作氛围。

（2）时间管理机制。首先，必须明确思想政治教育的总体目标，将其分解成为具体的阶段目标，不断监测目标的执行情况，确立重要的时间节点，进行基于该节点的工作进度和教育效果的测评。一方面，对前一阶段思想政治教育工作进行检验，看是否严格遵守了时间进度，是否达到了预期的目标。另一方面，为调整思想政治教育工作的政策和方针作重要的参考。通过把过程控制和目标管理结合起来，使思想政治教育严格按照既定的目标实施，以确保达到预期的教育效果。

（3）项目管理机制。项目管理机制是一种基于矩阵化组织结构的运行机制。为了达到某一教育目的或实施某一教育过程，可以召集隶属于不同部门甚至不同系统的人员，临时组建一个项目小组，在某一段特定时间里，以项目小组的名义开展工作。项目管理机制的优势在于加强系统与系统之间、部门与部门之间的横向联系，使信息在各组织间迅速传递，也有助于快速、灵活地应对学生需求；资源利用率高，组织灵活性和应变能力强，能够实现较为理想的人、财、物等资源的配置，获得较大的效率和效益；另外，易于培养专业人员的合作精神和全局观念，有利于创新。

思想政治教育中难免会发生一些突发状况，这便要求针对可能发生的突发公共事件，提前建立一种分工明确、权责分明、部门之间协调运作的应急预警控制机制，以防患于未然，维持学校的稳定。新形势下加强和改进思想政治教育，应从以下两方面着手实现非常态下的控制机制的创新。

一方面，完善现有的以稳定为主的预警控制机制。从危机管理理论和现代控制理论角度出发，面对一些可能发生的高职院校各类突发公共事件，建立一套成熟的预警控制机制是非常必要的。危机管理机制主要包括危机预防、危机处理和危机解决三方面的内容。还需配套地建立或发展危机管理的组织及制度，以应对未来可能发生的危机。尤其是在当前互联网自由与开放的环境下，还要建立网上信息监控机制，规定网络各责任主体与其网络行为具有可追寻的对应关系，切实做好网上突发事件的防范和应急处置的准备工作，从而形成统一协调、快速反应、处置有力的网络信息监控机制。

另一方面，逐步发展建立教育效果预警控制机制。在目前的思想政治教育实践中，这一块几乎是空白的。而事实上，思想政治教育机制表现出明显的目标性和规律性。首先，思想政治教育具有明确的目的性和指向性，不仅指示了思想政治教育各项工作的方向，也规定了思想政治教育应达到的结果，思想政治教育的具体目标是由总目标分解而成，统一于总目标之中，思想政治教育工作应始终沿着目标所规定的方向运转。再者，思想政治教育是由其产生和赖以存在的客观条件所决定的，因而具有客观必然性，思想政治教育机制是思想政治教育实际的客观反映，在运行中必然呈现出许多带规律性的特点。思想政治教育机制的目标性和规律性，使得建立教育效果预警控制机制成为可能。

高职院校学生思想政治教育工作评估机制应当从系统内部评估和系统外部评估两方面而来建立，实现思想政治教育评估的多角度和全方位。为此，我们提出以下两方面的思想政治教育评估机制创新：

思想政治教育评估指标体系必须反映高等教育的自身特点和规律，必须反映高职院校思想政治教育工作的特殊本质，必须紧扣高职院校学生这一特殊知识群体思想行为的实际特点，各个指标必须可以进行定量化测量。思想政治教育系统内部评估应具备以下几个要素：

(1)综合性。思想政治教育的内容极为丰富，教育成果具有多样性，因此设立的评估指标既要能反映物质成果，也要能反映精神成果。在指标的设计中应以人的思想、情感、态度等精神因素为主，还应包括物化后的成果，即德、能、勤、绩各个方面的表现。

(2)动态性。思想政治教育效果的体现必然是滞后于教育本身的，往往是在实施教育之后的一段时间内才得以体现。若用静止的观点看待评估，仅凭一次评估活动就对教育的效果下结论往往是不确切的，评估工作应经常性、动态性地进行。

(3)对比性。思想政治教育效果表现形式的多样复杂性决定了思想政治教育评估应经常从纵向和横向的对比中来获得对教育效果的判断。所谓纵向对比，即将实施教育的前后状况做对比，通过观察其间的变化来进行效果的分析与评价。所谓横向对比，即将同一类对象做比较，从它们的差异性中进行教育效果的分析与评价。

(4)系统性。首先，思想政治教育是一个完整的科学体系，其作用的发挥具有一种内在的整体机制，因此在评估中要做到局部与整体的有机结合。其次，思想政治教育效果的形成，受到社会客观条件的制约和内部各系统之间相互作用的影响，因此，评估工作既要充分估计社会大环境对思想政治教育效果所产生的积极或消极影响，又应十分注意对思想政治教育活动中的各个环节和各种影响做出分析和评价。再次，思想政治教育评估总是针对一定的对象展开的，群体与个体的对象之间存在着不同的层次差别.评估工作应根据不同的对象设计评估要求和指标，只有这样，评估才切合实际，具有针对性和可行性。

高职院校学生思想政治教育可以考虑从思想政治教育工作基本要素出发，引入专业教师评估、学生评估以及校外机构评估。

调查显示，目前专业教师几乎不介入思想政治教育的评估工作。而事实上，思想政治教育与专业教学之间具有很多需要促进合作的要素。通过引入专业教师评估，让专业教师从专业教学的角度来分析、评判思想政治教育工作，提出他们的见解，借此可以考量在哪些方面需要思想政治教育工作系统提供支持，进一步改善工作。

广大学生是思想政治教育的接受者，无疑他们是最有发言权的。首先，学生评估的内容可依照思想政治教育的主要工作职责设置，分为学生教育、学生管理及学生服务三大版块。其次，评估形式可分为主观评估和客观评估两类，即学生对所接受的思想政治教育的主观感受和由学生提供一些反映思想政治教育工作开展情况的客观数据，如依据《辅导员工作职责条例》，学生可以反映辅导员工作是否达到了一些硬性指标,如班会频率、走楼频率、谈心次数等。

校外评估机构往往能够以他们的专业视角,借助管理科学中的检测、评估方法,对思想政治教育工作的实践结果进行多形式、多层次、多方面的综合性评估,并且由于他们站在第三方的立场,使得他们给出的评估往往更为客观。在美国,各个州设有学生事务质量评估委员会,对各高职院校的学生服务处(或称学生发展处)的工作进行评估,以学生服务的情况进行排名。另外,也有一些行业协会承担上述的职能。但是,这样的组织目前在我国还没有。我们认为,可以考虑建立诸如高职院校思想政治教育理论研究会、教育科学研究会等组织机构,来承担思想政治教育校外评估的职能,探索有效的评估机制,发挥其对思想政治教育工作开展的导向作用。

# 第七章　新时期职业技术教育体制创新

## 第一节　新时期职业技术教育体制创新的策略与改革方向

### 一、职业技术教育办学模式坚持以服务为宗旨，以就业为导向

当前，随着社会经济快速发展，职业技术教育面临新的改革机遇，特别是当前我国高技能人才匮乏的一个原因就是对职业技术教育的认识严重不足。近年来，我国沿海经济发达地区出现不同程度的用工荒问题，不少企业因急缺高技术工人，而面临生产停滞窘境，严重制约我国经济发展。这在一定程度上反映了我国职业技术教育的现行体制建设还不能满足社会主义经济建设对人才的客观需求。以上情况更加凸显对现有职业技术教育创新和改革的必要性，也明显表明，发展职业技术教育应遵循社会主义市场经济规律，坚持迈向职业技术教育市场化发展方向。

职业技术教育面向社会、面向市场，以人为本，把职业技术教育学历教育与高级技工教育有机融合，实现职业教育与技工教育的优势互补。新的职业技术教育教学模式更加注重实习实训课程的教学，着力培养学生的实用技术技能、生产实践能力和创新创业能力，职业教育特色更加突出；面向职业技能实训基地和中等职业学校师资培训基地，使职业技术教育成为集学制教育、短期培训、技能鉴定、就业服务、劳务中介为一体的现代化职业教育模式；调整教材，突出新知识、新技术、新工艺、新方法，把知识传授和能力培养紧密结合；与大型企业加强联系，将毕业生推向沿海改革开放领先、经济建设发达地区，进而辐射全国，做到“订单培养”“量身定做”，走出校门即上岗，实现学校与企业岗位的“零距离”。

加强职业技术和实训中心建设，通过实训室建成电子阅览室、汽车实训室和汽车驾驶训练基地。建立职业技能鉴定所，实现毕业前的职业技能鉴定，确保高学历、高技能“双高”人才的货真价实。职业教育要从国情和各地实际需要出发，紧紧围绕经济发展的产业需求和社会服务需求来培养人才，才能增强毕业生的就业能力，才可能解决一方面职业院校学生就业难和另一方面很多专业领域又紧缺技能型人才的矛盾。实行“订单式”培养，最为关键的是学校的一切工作都要紧紧围

绕“订单”要求安排运作，如建立灵活的专业设置机制，确保订单所规定的目标和任务的完成。

依托行业办学已经成为我国职业教育办学的重要形式。行业、企业参与职业学校教育教学全过程，并根据联合办学协议向职业教育院校提供一定的经费、必要的设备、生产实习场地和选派部分有教学能力的人员、承担部分实训项目教学活动，享有优先录用毕业生的权利。各职业院校可以打破现行按专业、学科设置课程的框架，构建灵活的“课程模块”制，真正建立起以市场需求为导向的学科设置模式。

以能力为本位的教学改革、以高技能为特色的人才培养和以优质就业为标志的校企合作，构成技术学院品牌特色。国务院《关于大力发展职业教育的决定》，为我国职业教育在新时期的发展指明方向。必须坚持科学发展观，从办学体制、投资体制、办学模式、课程体系改革、师资队伍以及实训基地建设几方面探索职业教育的创新。满足人民群众终身学习需要，与市场需求和劳动就业紧密结合，校企合作、工学结合、结构合理、形式多样、灵活开放、自主发展，建设中国特色现代职业教育体系。

推动公办职业院校的重组与整合，鼓励公办职业院校引进民办运行机制，探索与行业、社会团体或个人合作办学，形成多元化办学格局。同时，政府发挥主导作用，要与充分调动社会各个方面的积极性相结合，支持行业、企业办学和民办职业院校发展，促进民办与公办职业教育共同发展。加快发展民办职业教育，应积极吸引民营资本为发展职业教育服务，充分发挥民办职业教育贴近市场、机制灵活和运行高效的特点。探索以公有制为主导、产权明晰、多种所有制并存的办学体制，采取政府支持、办学主管部门配套、职业院校自筹、社会捐资等多渠道筹措方式。

以能力为中心构建理论教学体系和实践教学体系，拓宽基础，注重实践，加强能力培养，提高综合素质。以能力培养为核心，必须突出课程体系的应用性，这是职业教育自身性质的必然要求。

职业技术教育实训基地建设是提高职业教育质量的关键措施，可以增强职业院校的生机与活力，使职业院校更加贴近经济、贴近企业。应充分利用企业的实训条件，通过“订单式”培养，与企业共建资源共享、产学研结合的生产性实训基地，以实训与生产相结合的方式，切实提高学生的职业能力。职业院校和企业要充分发挥各自优势，在平等自愿、互惠互利、合作双赢的原则下，通过实训基地的建设，形成教育与产业紧密合作的互动机制。在实训基地的建设和管理中，坚持共享、共建、共管，充分调动政府、企业、院校和社会力量参与建设和管理的积极性。据有关部门介绍,作为国家职业教育改革试验区的天津市将在 5 年内分批建设 100 个实训基地,其中重点专业领域投资 15 亿元建成 50 个技术设备先进的、产学研结合的生产性实训基地。

教师队伍的质量不仅是实现职业教育教学计划的关键,更是职业教育能否办出特色的关键。从个体来说,多数教师应既有教学能力又有该专业的实际技能。解决这一问题的主要途径:(1)从企事业等单位选调符合要求的人员到学校任教;(2)选派部分专职教师分期分批到企业生产一线锻炼或到条件好的实训基地进修;(3)聘请"双师型"兼职教师,探索开通教师评聘其他技术职称系列的渠道,创新"双师型"教师培养渠道。

## 二、高职教育能够满足经济需求

从某种意义上说,高等职业教育已成为我国经济发展的关键力量。21 世纪初,中国成功加入世贸组织后,面对的是多领域、宽层次的广泛的企业合作和高质量的发展要求,众多企业间交流和合作使得相应的从业人员必须具备专业的职业技能才能适应当今阶段的职业需求。而且,我国经济的快速发展,也使得我国城镇化建设、新型工业化建设快速推进。城镇化和工业化建设能够提高我国经济的发展质量和企业的经营效率,同时,城镇化和工业化的建设,也需要大批能够提供城镇化和工业化建设所要求的高素质的劳动者。我国传统的高等教育培养体系难以在短时间内做出迅速地调整来为我国社会经济的发展贡献生力军。从这一点看,我国高职教育的优势和特长就更加凸显,因此,如何为高职教育的快速发展提供良好的体制,成为当下高职教育热烈探讨的问题。怎样进行高职教育的体制创新,将我国高职教育的成长瓶颈问题予以解决,为市场经济下的经济增长培养专业的职业从业人员已成为我国政府和相关教育部门的职责和使命。

我国的高职教育是以向社会行业输出特定的职业技能从业人员为目的,这也意味着我国高职教育以专业化的职业从业人员为主要培养对象,其主要的受众为接受过基本的高中教育和一些不同种类的中等教育的青少年,这些人员都受到过 2~3 年的基础课程的教育,掌握了一些基本的但不太成熟的知识,没有专业化的职业特长,通过高职教育的课程教育和专业培训后,这些受教育的对象就拥有了可以谋生的职业技能,而且这些职业技能是社会上所急需的职业技能,相比较于我国传统的精英式高等教育,高职教育的受众则拥有了专业化的职业技能,这些技能可广泛应用于职业的实际实践,为企业提供高素质的劳动力量。

由于高职教育依靠社会实际需求,以专业化职业人员为培养对象,这就要求高职教育同社会产业紧密联系,以社会产业为依据制订课程学习计划,走具有专业化的新型培养模式,注重学习教育同社会产业之间的协同性,以社会产业的实际从业人员的职业需求为目标,同社会产业的实际岗位协同,同步进行教育培训。因此,高职教育与社会产业的密切结合成为高职教育的重要特点,培养出来的学生可以迅速参与企业的发展,为社会企业节省了人力资源成本;而毕业学生也由于具有专业的技术优势,在工作中能够提高收入,谋求进一步的职业发展。

高职教育能够满足经济需求。高职教育的特点决定了高职教育与市场经济有着不可避免的联系,社会的发展是以实际的生产力转化为有效的生产成果来考量的,而市场经济也是将最终的生产成果纳入其发展指标,这就使得生产力具有重要的决定性作用。高职教育以专业化的职业从业人员为教育目标,由于教育出的从业人员具有专业的生产技能,能够为企业缩短其生产周期,提高企业效率,也提高了个人的实际生产力,因此,从最终的生产力考虑,高职教育的培养目标也能够满足市场经济以提高生产力为目的的生产需求。所以说,高职教育与市场经济有着不可避免的联系,而且,在现代社会中,专业化的职业从业人员能够迅速参与到社会各企业的生产中,扮演市场经济的生产主体,发挥着不可估量的重要作用,满足市场经济的经济需求。

市场经济的发展为高职教育提供了广阔的发展空间。近年来,我国经济高速增长促进了各产业领域的行业分工和规模调整,增进了各行业之间的交流和合作,同时,也催生出了一系列的新型职业,这就为我国高职教育的发展提供了广阔的发展空间。我国经济的快速增长和企业间的合作促进了我国的城镇化和工业化建设,由于城镇化和工业化牵涉到数以百计的不同行业、不同层次的工作人员,这些细化出的职业要求从业人员具有具体的专业知识和专业技能,这就使得各个企业生产由原来的体力输出为主的生产模式转向以智力输出为主的生产模式,社会企业对从业人员的从业技能的高质量要求,为我国高职教育的发展提供了教育服务的专业化要求。正是由于市场经济在规模广度和深度上的发展,为我国高职教育以专业化的从业人员的教育培训提供了可能,由于我国高职教育以市场经济的实际需求定位,以培养市场经济条件下社会企业专业人员为目标,使得受过职业教育的学生既有专业技术方面的高素质,又有和专业技术相联系的岗位需求。根据社会实际需要进行高职培训,从某种方面来说,是社会企业的实际需求提供了高职教育培养的可能性,因为我国经济的快速发展,带动了各领域、各行业的专业细化,这些专业细化为高职教育的发展提供了广阔的发展空间。

市场经济的发展推动高职教育制度设施的逐步完善。市场经济在经济结构和产业布局上的逐渐完善,也必然推动着我国高职教育制度设施的完善。因为在以市场经济为导向的教育目的下,教育的特点就是紧跟行业经济岗位需求,以专业化的人才需求为培养对象,市场经济条件下催生的新型行业,必然也会引起高职教育的广泛关注,并逐步在教育中设置新型行业需求所要求的专业素质,这些特征要求高职教育的制度设施、培养规划要逐步灵活完善。高职教育在制度设施的设置中,要以市场为需求,以市场经济的行业定位具体设置教学培训教育项目,紧紧围绕实际的行业,开设相应的课程。由于我国高职教育发展较晚,许多高职教育的配套设施不够完善,使得我国高职教育的发展没能够快速适应一些行业部门的行业技能要求,同时,技能操作和熟练娴熟的行业要求没能够与市场经济的行业发展同步。所以,针对以上情况,随着市场经济的发展和经济结构的调整,我国的高职教育制度设施也会做出相应的调整,不断完善,保证与市场经济条件下的行业需求相适应。

正是由于高职教育的专业化技能培养和面向市场经济的实际需求的特征,使得高职教育在当今市场经济下所扮演的角色越来越重要。所以如何进行高职教育的体制创新,更好地适应市场经济条件下对各行各业从业人员职业技能的要求就显得尤为迫切,以下是笔者经过广泛的研究和参考大量的资料后所提出的高职教育体制创新的几点意见,以期为解决高职教育中的体制难题,加快高职教育的发展提供科学参考。

注重市场实际需求为导向的培养,向社会输送技术人才。高职教育以专业化职业人员为培养对象,意味着它不是学术型的精英式学校,而是以实际的社会市场需求为对象,将其培养成各行各业基层的能工巧匠和娴熟的操作技术人员。在高职教育的课程学习中,其课程体系就是针对社会市场需求的,以职业能力为课程体系的设计考虑因素,定向培养生产、管理、运输、服务、建设等各个系统的对口人员,因此,职业教育院校紧紧以市场实际需求为对象定位,不以精英化的大众式课程学习为主,专注实际需要,彻底甩掉无用、花哨的课程学习,集中对学生普及实际的社会生产技能,且定位准确,需求刚性,使得毕业的学员能够迅速投入到工作中去,增加工作的熟练度和企业的生产效率,显示出其专业化的优势。

产学结合,校企结合。由于我国高职教育发展较晚,在实际的操作中还存在一些人为上的误区,可借鉴其他发达国家在高职教育上所采取的措施和方法。笔者注意到,发达国家的高职教育都不同程度地朝着产学结合、校企结合的方向发展,所以我国高职教育也可适当借鉴,为我国高职教育体制创新服务。由于高职教育面向实际的市场需求,以培养为各个行业企业服务的专业化从业人员为目标,所以实际的操作训练就显得很重要,而实际的技能操作需要学生主体进行学习生产实践,这就为产学结合、校企结合的体制模式培养把握了正确的方向。因此,我国政府和教育主管部门应积极采取措施,建立高职学校、生产企业和政府主管等部门共同参与的高职教育运行体制,紧紧围绕校企合作这一要素,让学生在实际的企业的岗位上获取必备的操作技能,端正从业态度,掌握从业岗位的专业化技能。最重要的是,产学结合、校企结合可以为当今企业输送合格的专业性从业人员,达到高职教育和社会生产企业的双赢。

有效调节行业需求与教育的供求关系,加强与市场需求的接轨。由于高职教育是以行业需求为定位,所以在进行高职教育的专业设置中,要注重调节行业需求与教育的供求关系,竭力与市场需求接轨,突出高职教育的实用性和针对性的。所以,我国高职教育院校在进行课程设置时,应将视野聚焦在市场上高需求的专业化技术行业,突出高职教育紧跟市场需求的步伐这一特点,并且对未来市场经济发展趋势进行行业分析,调整专业设置的范围,紧跟市场经济的供求,注重供求平衡,有针对性地进行专业训练,提高我国高职教育毕业学生的就业率。如果高职进行体制创新,紧紧围绕市场需求,密切同市场联系,则其毕业学生的就业机会将绝不逊色于传统的普通高职院校。因此,我国高职教育应合理地调节行业需求与教育的供求关系,以市场为定位,加强与市场需求的接轨,以专业化的从业技术人员为培养目标,实现培养学生市场经济条件下的行业专业化的技术要求,提升高职教育的竞争力。

正是由于高职教育在当今市场经济条件下的独特培养模式,向市场提供高素质的技术人员方面的优势,使得我国高职教育的前景一片光明。通过对我国高职教育教育体制的创新,可拓宽我国高职教育的发展空间,为企业输送专业化技术人员,为我国经济的增长提供动力。本文中笔者从注重市场实际需求为导向,向社会输送技术人才,产学结合,校企结合,有效调节行业需求与教育的供求关系,加强与市场需求的接轨这三个方面提出面向市场经济的高职教育体制创新对策。笔者认为,只有不断进行高职教育体制创新,不断提高高职教育的培养质量,我国高职教育才会有美好的明天。

## 三、教师素质普遍提升

我国高职院校承担着为社会输送合格建设人才的任务,从高职院校的本质出发,高职院校不仅仅肩负着提升学生的知识和技能的任务,还需要为学生在学校与社会之间构建起一个平台,使高职院校成为学生走向社会前的一种过渡。目前我国高职院校在教育上实现了教育体制化，规范了教育教学的各个方面，提升了教育教学质量和教育教学素质，使我国的高职院校师资力量得以更好地建设。在高职院校教育体制化的进程中，高职院校的教学环境和教学综合素质都有所改变，形成了具有现代化特色的、符合社会发展要求的高职院校教育环境。

高职院校教育体制化从目前来看，为高职院校的发展发挥了巨大的作用，高职院校教育在体制化的规范和整合下实现了教师资源的优化配置，提升了高职院校教师的综合素质，促进了高职院校在学校软硬件的教学环境中提出了新的建设方案，最终实现了规范化的、法治化的教学环境，使教育教学质量得到了质的飞跃。

在高职院校建设中，师资队伍素质的建设是不可忽视的，高职院校在教师的选拔和教师的培养上力求做到最好，试图通过高素质的教学队伍来满足当今社会对高职院校提出的高要求。高职院校教育体制化实现了教师资源的不断优化，在教师队伍上逐步地进行分类培养，以骨干教师为出发点，进行分层级的培养，充分发挥老教师和新教师的优势，形成了较为体系化的教师管理模式。高职院校教育体制化为实现规范化的教师队伍建设，提升教师的综合素质提供了一个良好的平台，促进了高职院校教师队伍建设的不断地向科学化和时代化进步，最终实现了教师对于建设的成功。

硬件设备对于高职院校的教学来说是一种保障，只有坚持以优质的教学硬件设备辅助教学活动的展开，才是教学环境优化的一个基础。在高职院校教育体制化建设的过程中，建设高端的、符合社会科技发展的硬件社会是其一个必然要求，实现高职院校教学硬件与前沿科学技术相匹配是实现高职院校教学优化的一个基础。从我国目前的高职院校硬件设备建设的现状来看，许多高职院校在教学硬件设备的配备上基本上符合了社会发展的需求，与优化高职院校教学质量，实现高职院校教学环境的优化，最终促进高职院校教育体制化相适应。

高职院校是一个积聚学术和知识的殿堂，经过高职院校的洗礼能够使学生在精神上得到提升，在知识上获得收获。但是，过于提倡高职院校的人文化是与高职院校教学相违背的，只有兼顾高职院校教学人文化和教学技能化才能够真正地体现高职院校的本质，使高职院校建设符合时代和社会的发展。从本质上来看，高职院校教育的体制化就为高职院校教育规范化提供了契机，使高职院校教育模式和教育体制不断地向规范化迈进。

我国坚持依法治国，从法律层面出发，为国家治理和国家发展提供法律上的保证。在高职院校的管理过程中，实现高职院校教学的体制化管理实质上也促进了高职院校教育和管理的法治化进程，使法制化与高职院校教育管理行为相适应。

只有将高职院校管理活动规范在一定的法律范围内，才能真正体现高职院校管理的权威性。从目前来看，在我国高职院校的管理中，已经具备了一定的法律基础，比如说《教师法》和《高等教育法》都在为高职院校的教学提供一定的法律基础，使高职院校管理有法可依，有法可循。高职院校教育体制化与高职院校教育法制化的结合和互动是实现高职院校教育法制化的基础。

规范化的高职院校教学环境对于高职院校整体教学环境的管理具有积极的意义，但也正在这种规范化的教学环境和教学综合素质，导致了高职院校在文化底蕴的培养上有所欠缺，规范化的高职院校教学环境是为学生知识的积累提供了空间，却阻碍了高职院校自身文化的发展。从目前我国各个高职院校的文化底蕴来看，除一些学术性的高职院校外，其他普通高职院校没有突出的体现高职院校应该具有的文化韵味。因此，高职院校教育体制化在一定程度上阻碍了高职院校文化底蕴的形成也是客观事实，是不可忽视的。在进行高职院校教育体制化的过程中，切记不要忽视了高职院校原本应具有的文化底蕴的培养，使高职院校真正成为一个学术性的殿堂。

高职院校教育与初等教育不同，高职院校教育属于高等教学系列，对于高职院校教学而言，不仅仅需要实现学生综合素质的提升，还需要在日常的教学中帮助学生挖掘出自身的特点，使学生能够在迈向社会之后根据自己的发光点和自己的个性偏好来选择适合于自身发展的行业，但是，学校教育体制化却限制了高职院校教育的"个性化"发展，阻碍了高职院校教育体制的改革，使高职院校教育呈现出了缺乏个性化特色的现状。

高职院校教育实现体制化是我国国情所决定的，也是高职院校不断提升自身教育教学水平的必然表现，在高职院校的教育教学发展进程中，实现高职院校教育体制化社会对高职院校提出的新要求，也是高职院校发展的必经之路。那么，面对高职院校教育体制化的现状，我们需要对高职院校教育体制化进行理性的认识，促进高职院校教育体制化得到进一步地升华，不断地与国家发展和社会需求相适应，为社会培养出有利于社会发展的新型人才。

# 第二节　民生视域下高职院校学生思想政治教育体制创新

随着我国政治、经济的发展和人们认识能力的不断提升，民生问题已是当今社会的热点。思想政治教育创新，应当紧跟社会和时代的发展脚步。这要求高职学校的思想政治教育工作者，以创新作为着力点，根据社会民生建设的新形势，创新教育理念、课程体系、管理机制，在民生视域下构建科学的、规范的和高效的思想政治教育体制。

创新是高职院校学生思想政治教育发展的动力和源泉，高职院校学生思想政治教育要与时俱进，必须勇于创新，把民生教育融入高职院校学生思想政治教育当中。在民生视域下创新高职院校学生思想政治教育体制，这是时代和社会发展的内在要求，也是高职院校学生思想政治教育发展的必然选择。

民生视域下的高职院校学生思想政治教育体制创新不仅关系着高职院校学生的成长与可持续发展，而且关系到国家民生政策的实施与和谐社会的发展。解决民生问题是当前贯彻落实科学发展观、构建社会主义和谐社会面临的重大课题。高职院校学生正处在人生观、价值观形成的关键时期，他们的民生观将直接影响党的民生政策的实施与执行；他们的民生意识和责任制约着民生问题的解决程度。高职院校学生关注与切身利益相关的就业、贫富差距、教育公平、社会保障等民生问题。有些人因这些问题对党和政府产生不满情绪，对中国特色社会主义产生怀疑，价值观和理想信念发生变形扭曲。因，此高职院校的思想政治教育者应通过民生教育全面客观的分析民生问题的产生背景、原因、实质，把社会民生问题与党的方针、政策结合起来，进一步深化高职院校学生对中国国情的认识，使高职院校学生坚定中国特色社会主义的信念，树立社会主义民生观。这样高职院校学生能从容地面对社会现实，以积极的心态参与社会竞争，这对于建设和谐校园、构建和谐社会有重要意义。

## 二、民生视域下高职院校学生思想政治教育体制创新的内涵

所谓“民生”，主要是指民众的基本生存和基本生活状态，它包括民众的基本发展机会、基本发展能力和基本权益状况等。当今民生问题的核心是人的发展，包括人的生活质量不断得到提升，生命价值、健康价值、尊严价值等越来越受到尊重。民生视域下高职院校学生思想政治教育体制创新要尊重高职院校学生的主体地

位，强调社会价值和个体价值的统一，把思想政治教育与高职院校学生的民生，即高职院校学生的社会价值与个体价值、幸福、自由和尊严紧密联系起来，以时代的精神和全球化的视野培养高职院校学生，促进高职院校学生自由而全面的发展。

民生视域下高职院校学生思想政治教育体制创新是一项系统工程。在这个系统中，思想政治教育需要有效配置各种资源，协调思想政治教育工作中各方面关系，实现思想政治教育系统内外诸要素的有机结合。一是合理配置学校各部门的教育资源。教学机构、管理机构和直附属其他机构都要为高职院校思想政治教育服务、学生民生教育服务，把思想政治教育渗透到教学、管理、服务、社会实践、校园文化各个方面和环节，形成全程、全员、全方位育人的氛围和格局，形成强大的思想政治教育合力。二是充分利用校内和校外资源，实现学校、家庭、社会三位一体的教育方式。在全社会利用各种渠道宣传民生理念，使民生理念深入人心，最大限度的发挥社会整体的育人作用，使思想政治教育教育效率最大化。三是师资力量的整合。高职院校党政干部和共青团干部、思想理论课和哲学社会科学课的教师、辅导员和班主任整合师资力量，形成理论功底扎实、社会责任感强、老中青相结合的思想政治教育队伍，引领高职院校学生积极、健康的发展。四是思想政治理论课程、哲学社会科学课程和其他各门专业课程的整合。所有课程都有育人功能，所有教师都负有育人职责。在传授专业知识的过程中加强思想政治教育的课程创新，使思想政治教育和高职院校学生的专业学习相互贯通、相互融合。

随着改革开放的深入，社会经济成分、物质利益、就业方式呈现多样化趋势，西方资本主义的享乐主义、拜金主义和利己主义影响到大学校园生活，从而使高职院校师生思想个性化、独立化、差异化更为明显，思想政治教育面临着全新的环境。社会全方位的重新整合与结构调整，本质上要求创新高职院校学生思想政治教育理念。关注民生、解决民生问题是中国共产党的执政理念，要真正使高职院校全体师生深入理解民生的科学内涵以及中国共产党关注民生的执政理念，就需要把民生理念融入高职学校这个社会子系统当中，充分发挥思想政治的政治教育导向作用。高职院校的管理者、教职员工、学生应创新理念，树立中国特色社会主义民生观。

民生建设是创新高职院校学生思想政治教育新的动因，对高职院校学生思想政治教育课程创新提出了迫切的要求。如果没有课程的创新，教育创新就难以实现，思想政治教育课程必须进行体系和内容的创新。社会主义民生观要求培养学生以民生为视角观察社会问题，引导高职院校学生的思想和行为与社会发展同步，与民族利益相连，摆正个人、集体、国家之间的利益关系，把分析和解决社会问题的最终落脚点落在民生的基本范畴上。

民生视域下高职院校学生思想政治教育课程体系创新主要是对高职院校学生进行社会主义民生观教育;培养高职院校学生与社会主义市场经济相适应的素质;教育高职院校学生正确认识当前民生现状;教育高职院校学生加强权益保护意识;加强高职院校学生人文精神与文化修养教育;加强高职院校学生心理健康教育;加强高职院校学生的生命教育等。在思想政治教育中加强民生教育,赋予思想政治教育时代特点,改变思想政治理论课教育课程体系单一、内容枯燥的局面,提高了思想政治教育的实践性、针对性和实效性。通过系统的社会主义民生观教育,高职院校学生对中国的基本国情、中国特色社会主义的特征有了深刻的认识,将形成对中国特色社会主义持久的责任感和对社会主义核心价值体系、理想信念认同感;从内心上获得持续的爱国意识、责任意识。

民生视域下高职院校学生的思想政治教育机制创新是构建一个教书育人、管理育人、服务育人、实践育人和环境育人的机制。高职院校思想政治教育管理工作不仅涉及学校内部问题,也涉及学校与外部社会环境的关系;不仅需要加强宏观稳定体系的架构,更需要维护切实可行的微观机制的运行。高职学校的各个学院分别从事某一领域的研究和教学,彼此之间的知识领域不同,需要独立开展工作。在这种情况下,各学院需要获得一定程度的自主权,针对自己的具体问题及时做出决策,促进学院的可持续发展。高职学校的微观机制必须实行事业部制组织结构,学校的高层领导以"大权(政策决定权、宏观调控权)独揽,事权分散"为原则,建构组织形式。所谓事业部制是将负责各个项目的部门作为相对独立的实体加以对待,在组织内部根据一定规则进行最大程度授权,使之享有责任范围内的决策权、财权、人事聘用权、业务指挥权等,同时规定其对整个组织应尽的义务。为防止分权后形成"诸侯割据"的分散状态,组织的领导集团必须具有干部的任命权和管理权,同时建立权威的中心协调机构,协调各事业部工作关系与利益关系,实现"全局一盘棋"。

高职院校事业部制组织是高职院校学生思想政治教育管理体制重要的组成部分,是创新高职院校学生思想政治教育的组织基础和领导机构。要提高高职院校学生思想政治教育的实效性,就必须首先充分发挥高职院校组织部门的作用,明确规范高职院校学生思想政治教育管理的各项工作,并使其纳入各职能部门的日常工作中去,使高职院校思想政治教育实现制度化、常规化管理,这就必然涉及高职院校组织机构间的互动和协同合作,从而形成运转畅通的、高效率的高职院校学生思想政治教育管理的领导机制。

思想政治教育创新的任务最终是由教育者来落实的,教育者的素质直接关系到创新教育落实的程度。教育工作队伍的素质是创新高职院校学生思想政治教育的基本保证。从中共中央国务院下发的《关于进一步加强和改进高职院校学生思想政治教育工作的意见》文件中可以看出党中央高度重视高职院校思想政治教育队伍建设,对进一步加强高职学校思想政治理论课教师及辅导员队伍建设提出了指导性意见,使高职院校学生思想政治教育队伍建设创新逐步科学化和制度化。

思想政治教育工作队伍的建设与创新首先是培养创新型教师。创新型教师是指那些具有创新教育观念、创新素质明显、善于吸收最新教育与科学成果,并将其积极应用于教学实践中,对教学有独特见解,能掌握行之有效的教学方法,保质保量地完成教学任务的教师[4]。创新型教师既是学者,又是教育教学理论的实践家。他们在教学过程中,启发、激励学生去探索、实践,使学生在自主学习中形成社会主义民生观,提高高职院校学生与社会主义市场经济相适应的素质。其次是提升学校党政干部、共青团干部、辅导员和班主任等教育管理者的素质。学校管理者支配和引导着学校各个群体的行为,他们的素质将直接制约和影响着学校的未来发展。教育管理者应提高自身素质,果断接纳新的理念,把创新与变革作为兴校的发展战略。高职院校教育管理者尽可能地运用科学的管理手段和活动方式,及时开发蕴藏在广大师生中潜在的创新品质,形成有利于培养创新人才的教学管理新模式,既能鼓励教师创造性地教,又有利于学生主动地学,促进学生全面发展。

# 参考文献

[1] 郑志龙,余丽. 互联网在国际政治中的"非中性"作用[J]. 政治学研究,2012(04).

[2] 邱昊. 数字时代背景下中国媒介素养教育的当下选择——西方媒介素养教育范式的演进及其启示[J]. 湖南师范大学教育科学学报,2012(04).

[3] 孙芳."现实的个人"视阈中的思想政治教育思维范式探析[J]. 学校党建与思想教育,2012(18).

[4] 段志英. 新媒体环境下大学生思想政治教育拓展研究[J]. 长春理工大学学报(社会科学版),2012(03).

[5] 王影. 当代大学生与思想政治理论课话语体系的冲突与调适[J]. 教育探索,2012(02).

[6] 陈玉霞. 中国新媒体研究回顾[J]. 现代视听,2012(01).

[7] 张菁燕. 新媒体环境下高校思想政治教育实效性的调查研究[J]. 教育理论与实践,2011(33).

[8] 郑元景. 新媒体环境下高校思想政治教育实效性探析[J]. 思想理论教育导刊,2011(11).

[9] 赵爱玲. 人伦自觉:新媒体时代高校德育提质增效的目标指向[J]. 唐都学刊,2011(06).

[10] 邱仁富. 思想政治教育话语的基本结构和功能[J]. 思想政治教育研究,2011(05).

[11] 蒲彦羽. 新媒体技术对当代大学生思想政治教育的影响[J]. 大家,2011(20).

[12] 沈楚. 新媒体对高校思想政治教育的影响与应对[J]. 湖州师范学院学报,2011(05).

[13] 季海菊. 高校思想政治教育中的微博:封杀抑或牵手?[J]. 学海,2011(05).

[14] 周静. 新媒体背景下加强高校思想政治教育的理路[J]. 学校党建与思想教育,2011(26).